誰是接班人？
財富傳承的管理與規劃
WEALTH HERITAGE

李雪雯——著

CONTENTS

推薦序 1 封昌宏｜讓你、我看到「資產傳承」的全貌……　4
推薦序 2 陳駿為｜傳達正確理念，對社會做出正面貢獻　6
推薦序 3 羅翠慧｜期許更多人從中獲益，圓滿人生　8
作者序　讓財富，留給最對的人！　9
前言 為何要提早進行資產規劃？　13

Chapter 1
迷思……

迷思一、資產傳承時的唯一考量—稅　18
迷思二、有錢人才要考慮資產傳承，單身者無須預做安排　21
迷思三、只考慮傳「給」的人，不考慮承「受」的人　21
迷思四、只傳「資產」，而非「財富」　22
迷思五、一招半式闖江湖，或只考慮到兒女這一代　22
迷思六、忽略其他隱形風險：留給自己的錢不夠多！　25

Chapter 2
觀念：資產移轉的核心—人、分、管

人與分配　28
話說「管理」……　30

Chapter 3
法律：與資產移轉有關的法條

遺產繼承 vs. 夫妻剩餘財產差額分配請求權　34
資產轉移的相關稅法　51

目 錄

Chapter 4
實務規劃 1：「財」、「產」必須分開看待

資產規劃的四大心態、技巧與關鍵點	68
資產移轉的六種高效策略	78

Chapter 5
實務規劃 2：資產轉移的工具、方法

工具 1. 生前贈與	98
工具 2. 遺囑	114
工具 3. 保險	130
工具 4. 信託	146
工具 5. 夫妻剩餘財產差額分配請求權	153
工具 6. 投資（控股）公司	155
工具 7. 閉鎖性股份有限公司	158

Chapter 6
資產 vs. 工具的完美搭配

組合 1. 不動產	168
組合 2. 有價證券	198
組合 3. 現金	210
組合 4. 其他：有形的珠寶古董藝品，以及無形的著作權或專利權	212

推薦序 1

讓你、我看到「資產傳承」的全貌……

　　資產傳承不是個新議題，但卻是近年來受到矚目的議題，因為臺灣近五十年來的經濟發展，造就了一群高資產族群，有些人持有高價的不動產，有些人持有大量的股權或現金等資產，在年事漸高時，不得不去面對資產傳承這個問題。

　　然而，資產傳承不是個單純的法律問題，除了法律規定外，還涉及到家庭及人性等不同的面向。在最近知名藝人大S意外的離世，留下的資產傳承問題，更引發社會大眾對於資產傳承這個議題的關注。

　　要寫一本資產傳承的書，必須具備多種的法律知識，包括《民法》的親屬繼承、《遺產及贈與稅法》及《所得稅法》等法規。除了法律知識外，還必須懂得如何的應用才是重點。更重要的是書的內容要如何呈現，讓讀者縱使沒有很深的法學知識也能看懂，才是一本適合一般社會大眾有資產傳承需求者閱讀的書。

　　李雪雯小姐是聯合新聞網的財經作家，對此議題除了積極的蒐集整理最新資訊外，也深入的訪談這個領域的多位專家，再以深入淺出的白話筆法，寫出資產傳承重要的內涵，本書先從基本的觀念談起，接著打破資產傳承的常見迷思，再導入正確傳承概念，最後再來談應該採用什麼策略及工具來完成資產的傳承。

封昌宏
資誠企業管理顧問公司 副總經理

　　本書的內容十分的全面，在資產傳承涉及的法律及稅務議題，都完整的納入考量，但又不致於過度的錯綜複雜，讓讀者可以看到資產傳承的全貌，除了適合一般社會大眾閱讀外，對於想進入資產傳承市場的專業人士，也是一本值得參考的好書，因此我願意在此推薦給大家。

推薦序 2

傳達正確理念，對社會做出正面貢獻

對於喜歡追劇的人來說，一部好的戲劇之所以引人入勝，不外乎是演員與劇情夠精彩，並有深刻的內涵能發人省思。

本書作者李雪雯小姐，她就是本書的最佳編劇及女主角，書中篇章與內容的排序，其清晰邏輯環環相扣，是本書的骨架；內容廣泛且查證嚴實，是本書的重點，但雪雯執筆鏗鏘有力且化繁為簡，又是一大特色。

本書的內容，猶如將古典樂曲的深奧，透過流行樂曲的編排，讓讀者能輕鬆閱讀，卻又能吸收箇中精隨。然而，誠如雪雯在作者自序所言：「真心誠意祝福讀者們能透過妥善及全面的規劃，讓自己一生所累積的所有財富，留給最愛、最適合，且最正確的人」，卻又發人省思，所以堪稱理財書籍的代表作。

閱讀完本書，發現雪雯特別用心之處，是將複雜、艱深的法律用語，用舉例的方式讓讀者容易理解。再者，論述中皆引用法源根據，代表作者提供的資訊都有所本，跟坊間有些作者僅以經驗或情感論述大大不同，從「第三章、法律：與資產移轉有關的法條」、「第六章、實務規劃 2：資產移轉的工具、方法」的內文可看出一斑。換言之，本書可當作資產移轉與財富傳承的參考書。

隨著經濟進步與所得提高，每個人對理財的需求與日俱增。

陳駿為
駿為國際管理顧問股份有限公司 執行長

簡單來說,理財過程不外乎「賺錢→存錢→投資→致富→守富→傳承」,大家都想過著富裕又舒適的生活。然而,理財過程看似簡單,執行起來卻相當困難,正所謂「知易行難」。

不論國內外,不管官方或坊間,有許多理財課程,也有數不盡的理財書籍和文章,都在教育民眾重視理財,以追求財富人生。但根據筆者長期觀察,大多數的理財書籍或文章,有些僅著墨在理論的探討,有些則偏重在獲利的追求;或有些會點出投資趨勢(但不告訴讀者其所據何在),或有些會提供選股標的(但卻掩飾其選股標準),諸如此類,層出不窮。

很欣慰的是,雪雯在本書中,竭盡她所有的專業知識及採訪經驗,毫不藏私的與讀者分享,誠屬不易。正如筆者常言:「讀完一本書,等於學習了作者的一生智慧」。本書作者將其一生智慧,集結成書,透過觀念引導、實例說明、引經據典、工具選擇,讓讀者一探資產規劃與財富管理的奧妙,並將財富傳承給最愛、最適合且最正確的人,這是理念的傳達,也是對社會大眾正面的貢獻。

推薦序 3

期許更多人從中獲益，圓滿人生

羅翠慧
深耕法律事務所 律師

在瞬息萬變的現代社會，資產傳承已不再是高資產人士的專利，而是每個人都必須正視的議題。隨著社會急遽老化、經濟環境複雜、家庭結構多元，如何讓自己一生所累積的財富，能夠留給最愛、最適合的人，是非常重要的課題。

認識雪雯，是因為多次有關遺囑撰寫、遺囑信託，以及夫妻剩餘財產差額請求權的採訪。她是聯合新聞網的財經作家，對資產傳承的議題深耕已久，此次願意將她多年蒐集的豐富資訊及採訪整理成書，用淺顯易懂的文字點出一般人的錯誤迷思，未規劃資產傳承的可能風險，介紹各種資產傳承和工具，提醒財富傳承可能牽涉的法律、提供六大資產移轉策略，協助讀者盤點自身財產狀況，釐清資產傳承的需求後，再與專業顧問或專家討論，相信定能幫助讀者找出最佳方案，把財富確實留給最愛、最適合的人。

本書不僅提供了理論知識，更結合了豐富的案例分析，讓讀者能夠輕鬆掌握資產傳承規劃的要領。無論您是剛開始接觸資產傳承規劃的新手，還是希望進一步完善傳承方案的專業人士，相信都能從本書中獲益匪淺。我誠摯推薦本書，希望更多人能從中獲益，人生更圓滿。

作者序

讓財富，留給最對的人！

　　據財政部的統計，2023 年台灣遺產稅的申報件數，總共有 18 萬 8400 件，金額高達 2177.1 億元，平均每件近 3.12 億元，顯見台灣的高資產人口數量似乎還真不少[1]。

　　個人記得非常多年前，國外就在推廣「破產上天堂」這個概念。它的意思是說，人生財富管理的最高境界就是：在「跟上帝喝咖啡」之前，就把屬於自己的財產，全部花得「一乾二淨」。

　　「破產上天堂」雖是一個不錯的理想與目標。但，如果身為讀者的你，不能做到這一步。那麼，你就必須開始認真思考：當辛苦打拼一輩子，所累積下來的財富，想要移轉給誰？

　　儘管在所有民主法制的國家中，每一個人的財產權，都能獲得最大程度的保障；每一位在法律上，具有行為能力的個人，都能對自己的財產，擁有最高且無上的權利。且在極為便利的資訊科技加持之下，金錢與資產的移轉，已經非常快速且方便。不過很弔詭的是：當你想要把屬於自己的財產，大量移轉給另一個人時，卻有諸多的限制。就以中華民國「常住境內」的國民為例，不論是境內或境外的資產移轉，都會牽涉到很大的稅負（遺產及贈與稅）問題。甚至就連要給誰，法律（民法）上也有所限制。

　　正因為有以上這些條條框框的問題與限制，也是為什麼事先的

作者序

資產移轉規劃,變得如此重要的原因。然而,單是資產移轉規劃這個議題,又是一個「沒有標準答案」的申論題!

　　為什麼?因為每一個人的資產規模、內心最在意與堅持的想法、家庭成員狀況等差異太大,再加上所牽涉到的專業複雜且領域廣泛。因此多年以來,這方面的規劃服務,多半散落在各個專業領域之中。像是代書、保險業務員、會計師、律師、銀行理財專員或國際認證理財規劃顧問 CFP® 等,都曾提供民眾進行資產移轉的相關服務。

　　記得有位資產移轉的專家曾經說過:「資產傳承不僅是稅務或法律的問題,也是涉及人性、價值、文化等多方面的問題。如果想要順利的完成資產傳承,就必須從多個角度來考量和規畫」。

資產移轉既專業牽涉又廣泛

　　在個人的多年採訪生涯中,也常聽許多專家轉述,不少因為只接受「片面專家」的建議,並未進行通盤考量及規劃的失敗案例。而這,也才是本書之所以問世的重要關鍵。

　　事實上,不管是名詞比較中性的「資產移轉」,或是富含更多意涵的「財富傳承」,它既不是單純稅務或法律上的問題,也並非只是單方面、擁有資產者一個人的事,還更需要隨著時間的改變,而進行動態地調整。

　　正因為遺產稅的節稅規劃,牽涉到相關法律、稅務、繼承者能力、擁有財產者意願,再配合財產會隨時間因素改變的動態性綜合考量。一旦規劃錯誤,就有可能導致全盤的失敗。為確保萬

無一失，個人建議想要做好資產移轉規劃的人，最好請教多方位的專家，進行通盤的考量及處理才好。

必須特別強調的是：個人出這本書的目的，並不是讓讀者「只要按著書上的建議照抄」就好。畢竟，資產移轉是一門牽涉多個領域的專業。本書的目的，只是讓讀者能先認識清楚，沒有進行規劃的可能風險、釐清自己的需求及想法。之後，再把這些彙整思考的內容，帶去給專業顧問們了解，並進行評估。如此，也才能得出一個「能把錢，留給最適合之人」的解決方案。且更重要的是，這個方案也必須動態地「與時俱進」。

同時，個人也想借此版面，感謝協助本書出版的專家們。除了審稿並替個人撰寫推薦序的專家—資誠企業管理顧問公司副總經理封昌宏、駿為國際管理顧問（股）公司執行長陳駿為，及深耕法律事務所律師羅翠慧（依姓名筆劃順序）外，也要同時感謝以下在出書過程中，曾經請教的受訪者（依公司或單位筆劃順序）：

- 中山聯合會計師事務所會計師｜王明勝
- 以諾理財規劃顧問股份有限公司總經理｜李鳳蘭
- 台灣理財規劃產業發展促進會理事長｜景肇梅、秘書長｜王柚鈞
- 全資產規劃應用股份有限公司負責人｜劉育誠
- 國際認證理財規劃顧問 CFP®｜方士維、駱潤生
- 勤業眾信聯合會計師事務所私人暨家族企業服務團隊執業會計師｜王瑞鴻
- 誠邦企管顧問公司副總經理｜李傑克

當然，書中內容的正誤，完全由個人「文責自負」。而個人想要再三強調的是：資產移轉規劃是一門廣博又精深的綜合專業。這本書，只是幫助有心做好資產規劃者的敲門磚。讀者們不可能單靠一本書，就能夠自行操練及妥善規劃。因此，個人建議讀者使用這本書的方式是：先了解資產移轉重點策略與工具、方法，釐清自己的需求與目的及盤點自己的資產。之後，再找一個信賴的專家顧問團隊，進行不斷的討論及修正。

　　真心誠意祝福每一位，有心做好資產規劃或財富傳承的讀者們，能透過妥善及全面的規劃，讓自己一生所累積的所有財富，留給最愛、最適合，且最正確的人！

李雪雯

1.https://www.storm.mg/lifestyle/5228589

前言

為何要提早進行資產規劃？

在正常狀況下，一般人的財產，都是隨時地在跳動及移轉。有時，金額也許不會太大，例如日常的消費支出；但有時候，會是一個重大的投資理財決定，像是買股票、買不動產等。擁有現金的人會將現金，從某一個銀行的帳戶，移轉到特定的戶頭，以便換到一張台積電的股票，或是一間房子。這個時候，整體資產淨值與擁有者，並不會有所改變，只是資產的類型有所改變。

然而，有時還會有一種情形是：隨著資產的移轉，其名義上及法律上的所有權人，也將跟著進行變動。舉例來說，「擁有財產的人身故」、選擇「贈與他人」，或是「採法定財產制的夫妻離婚時」。

資產會大幅且被大筆移轉的風險

其實，凡事若不預做規劃，往往都會有風險……

當然，資產擁有者本就有絕對的權利，把屬於自己的財產權，「移轉」給他人，外人不會有任何置喙的餘地。只是，世間上常有些很無奈的事情是：除了虧損、被詐騙的金錢移轉外，很多人也許並不是那麼心甘情願地，將財產進行移轉，例如離婚後的另一半，索要自己一半的財產；又或是在頗為無奈的情形（例如身故）下，遇到有人橫刀劫財，像是政府進行課稅（遺產及贈與稅率，最低

10％起跳）；甚至，還有自己不想給的人，突然半路跳出來說「自己有權分配財產」……

遇到以上的情形，假設沒有預做資產移轉的規劃，那麼，擁有資產的當事人，就可能會有以下的風險發生：

一、財產被政府課去大筆稅負，或盡數收歸國庫。

儘管目前遺產稅最高稅率，已經降到 20％（最低是 10％）。擁有者在沒有預做準備之下，一旦資產移轉之後，金額不但立刻少了 1／5；假設沒有任何繼承人，連這剩下的 4／5 的一生努力所得，也將全都收歸國庫。

二、擁有繼承權的人爭產。

這裡的爭產，有可能是跟自己有血源關係的「血親」，也可能是自己的婚生子女，甚至是非婚生子女，在被繼承人過世之後，跳出來說「自己有權分一杯羹」。

且更重要的是，這些有繼承權人的爭吵，可能是在被繼承人死後，但也同時可能發生在被繼承人重病之際，甚至是在平日，各繼承人間就已經開始「互相較勁」起來。更慘的，還有可能演變成家人對簿公堂、老死不相往來，或是互相砍殺的悲劇。

再根據內政部統計，2023 年台灣 15 歲以上人口中，離婚或終止婚姻的人口比例達 9.47％，離婚率高居亞洲第二。雖然大部分離婚以協議方式進行，但仍有不少夫妻因無法就財產分配、贍養費或子女撫養權等問題達成共識，最終選擇對簿公堂，導致昔日恩愛的佳偶「反目成仇」。

特別是因為遺產的繼承，有「公同共有」的特殊性關係，各繼承人繼承遺產之後，必須先經過「遺產分割」的動作，才能順利取得「所有權屬於自己」的那一份（請見第三章的「繼承」篇）。所以，一旦沒有預做處理，就會更為加重繼承人之間的紛爭，以及無法分配問題。

一般來說，個性會計較的繼承人，無論被繼承人分配得如何公平，都難以心滿意足；且這個世上，也並沒有100%的真正公平可言。舉例來說，許多照顧父母比較多，或是住的比較近的子女，就認為父母的財產，不應該依繼承人數「公平分配」。

但是，如果擁有資產的人，能預做準備及規劃、盡可能地做到公平，至少能夠確保自己的財產，都能照著自己的想法「徹底執行」。也才不致於發生之前媒體上偶見的案例—被繼承人死後十幾二十年，非但遺產糾紛還未塵埃落定，連下葬時間都遙遙無期。

三、遺產淨額過多，繼承人需繳大筆遺產稅；或是接收財產的人無力繳稅。

也許對政府來說，多繳一些遺產稅，也算是國民的一種「功在國家」的表現。不過，對於遺產很多的人來說，儘管最高稅率，已經從原先的最高50%，降到最高只有20%，但假設適用最高遺產稅稅率的遺產淨額（1.1242億元）為例，至少要繳1,640多萬元的遺產稅；假設以遺產淨額5,621萬多元（適用稅率為15%）為例，也要繳562萬多元的遺產稅；就算遺產淨額只有2,000萬元（適用稅率10%），也得繳200萬元的遺產稅。

而且，個人在採訪過程中，就聽聞許多擁有資產的父母大嘆：現在的年輕人，很多都是月光族。不要說上百萬的遺產稅繳不出來，一時要他們拿個十幾、二十萬元，恐怕都是困難之事。

根據統計，2023年全國有698件，遺產淨額超過新台幣1億元的大額案件、適用遺產稅最高稅率級距20%，只佔總實徵件數不到6%；如果以實徵案件遺產總額2,177.1億元來換算，平均每件則有近3.12億元。這麼一大筆的稅金，如果沒有事前進行規劃及準備，繼承人肯定是要變賣手中其他動產（例如有價證券）或不動產來支付。

四、傳承對象錯誤，待拿到資產後沒多久便敗光資產了。

特別是如果是早早，就將資產移轉給下一代，還可能面臨「被棄養」的命運。以上這類的場景，不但常出現在媒體版面，也同樣在左右鄉里之間聽聞。

可以這麼說，只要你不是破產上天堂，但凡有任何一丁點資產，都需要事先進行相關的移轉規劃。因為，提早規劃的優點，就是能夠解決以上所面臨的四大風險，讓擁有資產的人，既能合法節省稅捐、減少家族成員間的紛爭，以及最重要的「**將資產，留給自己最重視（囑意），且『最能善用這筆資產，並能讓其發揚光大』的人**」，也才能讓財富永遠傳承下去。

Chapter 1

迷思……

- 迷思 1 資產傳承時的唯一考量—稅
- 迷思 2 有錢人才要考慮資產傳承,單身者無須預做安排
- 迷思 3 只考慮傳「給」的人,不考慮承「受」的人
- 迷思 4 只傳「資產」,而非「財富」
- 迷思 5 一招半式闖江湖,或只考慮到兒女這一代……
- 迷思 6 忽略其他隱形風險:留給自己的錢不夠多!

迷思 1

資產傳承時的唯一考量─稅

　　美國政治家富蘭克林（Benjamin Franklin）曾經說過：「繳稅與死亡，是人生不可避免的兩件大事」。由於人的生命有限，所以當一個人辛苦打拚了一輩子、累積了眾多財富之後，如何能夠富上好幾代，並且確保資產沒有多少減損，這就是許多擁有財富者最大的心願。

　　然而根據專家的說法，假設擁有資產的民眾在資產移轉時，沒有正確的看法及做法，最終就有可能導致失敗、令人失望的結果。根據個人之前採訪多位專家後的歸納整理，民眾常有的資產傳承迷思並不少，而其中最常見的應該就是「一切都以『不繳稅』或『少繳稅』，做為唯一考量」。

　　這其實是一個「非常跟不上時代」的老舊思維。

　　因為，過去的贈與稅最高稅率是50%，所以才迫使許多高資產族群「不得不節稅」，避免發生「財富腰斬」的結果。然而當國內遺產及贈與稅最高稅率已降到20%之下，想要做好資產規劃的民眾，應該還有其他比「節稅」更重要的事要做。舉例來說，假設傳承資產的子女們，擁有賺取10%、15%、20%報酬率的能力時，便可抵消一部分遺產稅的減損，如此一來，遺產稅就不會是傷腦筋的大問題。

　　事實上，由於每一個家庭的狀況不盡相同，就算子女繼承後沒有短期轉賣的可能，有關不動產移轉時的「生前儘量不動，最好走

『死後繼承』」的原則,也並非家家戶戶都適用。舉例來說,假設父母就是想把不動產,留給某一位子女(例如父母特別偏愛的子女、唯一照顧父母終老的子女、沒有謀生能力的身心障礙子女⋯⋯),或是特別不想留給某一位(例如不務正業)繼承。這時,一旦沒有生前就妥善處理,那麼依照現行法規,不動產就是全部擁有繼承權的子女們所「公同共有」。

正因為不動產繼承具有「公同共有」的特性,所以許多專家們總在不斷提醒大家:**若想把資產特別傳給某個人或給予最多比例,那麼「稅負」就不該是唯一考量。**

資產傳承,為何不能以「節稅」為主?

1・**財產是變動的**。遺產及贈與稅之所以很難規避,主因在於:每個人及家庭的資產都是「變動的」,且正因為資產無時無刻都在變動,準備進行資產移轉的民眾就更該換個新思維,想辦法「讓受者所拿到的資產,能夠有效地增加,藉以抵消繳稅後對於資產的減損」。

2・**相關法規也是變動的**。例如《房地合一稅 1.0》及《房地合一稅 2.0》就是政府在財稅方面的法規上,不斷地「與時俱進」、時常修改,或提出新解釋的法令。也就是說,就算是從節稅的角度來看,進行資產移轉的規劃時,假設你我並不了解「相關法規是變動」的事實,那就非常有可能「節稅不成」,反而要「補稅及罰款」,甚至上當受騙、損失更多。

3・一開始或許可少繳，但最後恐怕得繳更多。事實上，在資產移轉上所可能面臨的困境，除了因為相關稅法「常常變動」，以及「個人及家庭資產也與時俱進」之外，很多一心只想「節稅」的民眾經常忽略，有些稅根本不可能「完全不繳」，有時只是「前繳、後繳」，或是「誰繳」的問題。

舉例來說，只要是進行不動產移轉，那就只有「買賣」、「贈與」及「繼承」三種方式。一般如果單從稅負考量來看，符合房地合一舊制的不動產透過繼承方式，便可不用繳土地增值稅。

舉例來說，父母如果為了節遺產稅，選擇提早贈與給小孩，那就有可能會把原有的不動產從「舊制（僅房屋課所得稅）」，變成「新制」（根據房地合一稅規定，不動產持有兩年之內移轉，課稅稅率高達45%，須超過十年，才可降為15%）。假設未來小孩繼承之後，沒多久就出售這個不動產，稅負就可能會高出許多。等於是民眾為了省下前面一點小稅金，卻導致後來必須面臨更高的稅負。

這也為什麼專家們，之所以會傾向建議擁有不動產的父母，最好採取「死後繼承」的方式。因為如此一來，可以少繳一些土地增值稅。然而這真的是萬無一失的「最佳方案」嗎？其實也未必。

因為如果拿到不動產的子女們，短期內就將房產轉賣，那麼就得繳納非常高額的房地合一稅。也就是說，雖然有些稅可以透過一定的處理方式而「少繳」，但若規劃失當，那麼後面要補繳的稅金「可能會更多」。

最後，各位專家們也不忘提醒有心做好資產移轉節稅規劃的民

眾：若一毛錢不繳，反而可能引來國稅局「努力查稅」。有時先繳一些小稅，也可能為你省下之後更大筆的稅負。

迷思 2

有錢人才要考慮資產傳承，單身者無須預做安排

關於資產傳承的第二個迷思，就是「有錢人才需要進行資產移轉規劃」。然而根據專家們的說法，不論有錢、沒錢，所有確定自己身後留有資產的人，都需要考慮此一議題。

除了「資產很多的有錢人，才需要做資產傳承規劃」的迷思外，很多人也有「自己獨身一人，完全不用提早規劃」的迷思。但根據財政部國庫署表示，截至 2024 年 7 月底，無人承認繼承遺產賸餘現金繳庫總計有 35 件，總金額 7,505 萬 3,481 元，相較 112 年同期件數多出 8 件，總金額也增加 2,511 萬元，這筆資金後來悉數歸入國庫，以供國家政務推動統籌運用。而透過這個數字，也更加突顯出單身者同樣需要提早規畫資產移轉。

迷思 3

只考慮傳「給」的人，不考慮承「受」的人

中文字其實很有意思，因為經常會有許多疊字，有些意思相同，有些則略有差異。就以「傳承」兩字為例，這其實就是兩個涵義大不相同的文字。然而一般民眾在進行資產傳承規劃時，往往都只想到「傳」，卻未想到「承」的問題。

迷思……

舉例來說，很多人一心只想著「自己有很多財產要『傳』（給子女）」，卻完全沒考慮到子女的能力，以及所傳的資產，是否真是子女們想要的？況且，還有專家不停強調：當父母一心只想要避稅時，不但子女的人格特質會變得更加扭曲，往往也更加不會培養管理資產及賺錢的能力。也就是說，當資產擁有者只想到「傳」，卻不考慮「承」的人（接受者）的意願，資產移轉規劃的最終結果，也可能會與當事人的想法「相違背」。

迷思 4

只傳「資產」，而非「財富」

根據經濟部發佈〈2024 年中小企業白皮書〉，我國中小企業家數在 2023 年突破 167.4 萬家，創歷年新高，佔全體企業達 98% 以上。而這些中小企業幾乎都是所謂的「家族企業」，也就是創業者或其家族成員（配偶子女或其子嗣）在公司擁有過半數的投票權，甚至是至少一位以上的家族成員，在公司擔任經營管理職務。

而這當中，更有一半以上的企業主，年齡已超過 50 或 60 歲，這個現象更加突顯出中小企業的「傳承」，將不只是金錢移轉而已，其中更包括有企業的永續經營及傳承。

迷思 5

一招半式闖江湖，或只考慮到兒女這一代

首先，包括律師、會計師、保險業務員、代書、CFP 等，都有

在幫客戶們進行所謂的資產移轉規劃。不過由於資產移轉所牽涉的範圍非常廣，包括不同的法律（主要是《民法》與《遺產及贈與稅法》）及應用工具（例如遺囑、保單）。所以，它其實是一個綜合性的整體考量，而非單一專業就能輕易處理，以及解決民眾的所有問題。

之前曾經採訪過一位專家，他就舉出過往經手、協助處理的案例：客戶原先委由一位律師幫忙撰寫遺囑，進行遺產分配。乍看之下，遺囑中載明的不動產，依價值按繼承比例分配，甚至是遺產稅按繼承比例分擔等，每一項看似都很公平且沒有違法。

然而客戶立遺囑時卻沒有注意到：獨生女拿到的是建地，其他兄弟拿到的則全是較難轉手且免稅的農地，即便各自取得的不動產價值均符合繼承比例。也就是總體而言，土地的較大利益會是由獨生女一人獲得，但她和每一位兄弟所要分擔的遺產稅，卻會衍生出不公平的情況。如此一來，自然造成手足之間為了分擔不合情理的稅負，出現爭執。

後來，經過這位熟悉土地稅法相關規定的專家居中協調多次，透過「將稅負重新分擔」的方式，最終順利解決爭議。

以上便是遺產稅「按繼承比例分攤」或「按繼承財產衍生的稅費分攤」的差異。事實上，除了分割與平均分配的困難，由於不動產所牽涉的稅負廣泛，在採取生前贈與或死後繼承的規劃時，當事人所須考量的變數自然就更多了。

此外，在資產傳承在規劃上，專家們常遇到的迷思就是「只考慮當下」，其中最明顯案例就是：由於不動產採「死後繼承」，便

迷思……

可不課土地增值稅。正因如此，許多父母多半不會選擇在生前，就將不動產移轉給子女。

只不過，假設子女透過繼承取得這些不動產，卻有可能立刻轉賣。那麼，雖然在繼承時少繳一些稅（土增稅），但後續卻有可能有一筆高額的「房地合一稅」等著你繳。

民眾的錯誤迷思，除了只考慮當下這一步以外，其中還包括「只考慮下一代」，而不是「再下一代或更多代」。至於移轉規劃要「考慮多代」的目的，就是為了避免「短期內重複被課遺產稅或贈與」。儘管遺產稅法的相關規定中，有「被繼承人身故前五年已繳遺產稅財產，可不計入遺產總額中計算」，以及「在死亡前六年至九年內，繼承或受遺贈的財產已繳納過遺產稅者，分別按年遞減扣除80%、60%、40%及20%之遺產價額」的規定，但仍有重複被課遺產稅的風險。

特別是因為「世事難料」，有時提早規劃或採分年贈與，但假設擁有資產的人突然過世，兩年內的贈與全都得列入被繼承人（擁有資產者）的遺產總額中，依舊有可能無法達到100%節稅的效果（但兩年內贈與，已繳贈與稅部分，可以抵扣遺產稅）。正由於計畫可能會趕不上變化，專家們才會不斷提醒民眾：在做資產移轉規劃時，務必要做到「與時俱進」與「動態調整」的重點。

迷思 6

忽略其他隱形風險：留給自己的錢不夠多！

這裡所說的其他風險，包括專家們常遇到的「私生子跑出來分遺產」、「婚嫁」風險（也就是繼承人配偶，對於這筆資產的看法、態度及運用），或是「子女拿到資產（不論當下或未來）後，是否有可能『棄養父母』或『將財產揮霍一空』」？

正是看了許多資產擁有者，一味地注重資產移轉規劃，完全不考慮自己退休安養問題。而這也才是許多資產移轉規劃專家們，再三提醒「擁有資產的人在進行資產移轉規劃前，至少要先預留一筆足夠自己退休花用的金錢。之後，假設仍有多餘資金時，再來考慮進行『生前贈與』或『死後繼承』的規劃」的原因。

Chapter 2
觀念：資產移轉的核心—人、分、管

・人與分配
・話說「管理」……

觀念：資產移轉的核心—人、分、管

人與分配

　　我個人曾經參加過一場座談會，聽聞某位專家對於資產傳承的定義，就是「在對的時間點用對的方式，把對的資產給到對的人」一樣，許多在專家們眼中的「失敗」案例裡，最核心的關鍵錯誤便在於：當事人及規劃者，並未真正解決「傳承」中，最重要且應該處理的「人（的情緒）」、「分（配）」及「管（理）」的三大核心問題。

　　所有受訪專家們都異口同聲地表示，在這「人、分、管」三大重點裡，假設一開始的「分配」問題未獲解決，那麼人（接收者）的情緒就會受到巨大的影響。

　　而所謂的「公平」其實有兩個定義。其一是所謂「形式上的公平」，也就是數字上的「平均分配」。然而形式上的「公平均分」，並不代表另一個更重要的「實質上的公平」。因為那還得看資產的「類型」是什麼？單以現金或有價證券為例，這就是比較「容易分割」的項目；但如果是不動產或未上市櫃或興櫃公司的股權，那麼情況便大不相同了。

　　再以不動產為例，專家們常以「就算是『一人一間』，同樣是地名有個『港』，但位在台北市南港區的不動產，就好比位在雲林縣北港，坪數相同但價值差很大；同樣地名叫『信義』，一間位

於台北市信義區，價格也往往比位在信義鄉的不動產更值錢」為例指出，當資產類型不同之際，要真正做到所謂的「實質上的公平分配」，確實是非常困難的事。

況且嚴格來說，「實質上的公平」之所以很難達到，主因還在於「這世上有時候，還真的很難達到『真正的公平』」。例如現代社會上經常出現父母年邁，只由幾位子女中的某一位來照顧的情況，這時，父母若將所有財產「均分」，恐怕就是另一種的「實質上」的「不公平」。

而一旦在資產移轉時，相關人等（繼承人或接受資產者）因為感覺「不公平」而「倍受委曲」，那麼受影響的便不只是當事人而已，有時甚至還可能是一整個家庭的和諧，以及企業的穩定發展。

觀念：資產移轉的核心──人、分、管

話說「管理」……

所謂「管理」還是與「人」有關，只是範圍較為多元，主要在於「繼承人的（財產或企業）管理及接受能力」，以及非屬《民法》第1138條所列，各順序遺產繼承人的相關態度、意見與照顧等議題。例如有些時候，繼承人也許對於「分配公不公平」沒有太多意見，但其配偶恐怕就「很難說了」。

假設配偶之一方過世，當事人的資產到底是另一半在花？還是繼承的配偶的「再下一任」在花？這就是所謂的「婚嫁風險」。

此外，就算繼承人不婚、不生，沒有所謂的「婚嫁風險」。但假設繼承人沒有正確的投資理財觀念、欠缺有效率的財產管理方式，一旦承繼大筆財產，其結果可能就是「既糟蹋了財產，也傷害了繼承財產的人」。

有關「繼承人敗光家產」的故事，相信許多讀者也是時有所聞：領受大筆資產的人耳根子軟，遭受外人慫恿而胡亂投資，或是沉溺於各種享樂之中……，最終，不但家產快速歸零，繼承人還可能因此欠下大筆債務。

受訪專家們都異口同聲地表示，以上「快速敗光財產」的故事，如果是繼承人的「自作自受」，問題至少還在可控範圍內。但假設是同一家庭的親人所為，例如所留的財產是為了照顧未成年第三代

的就學及生活,卻被其第二代的父母「敗光」,那還真的是讓留有財產的第一代「情何以堪」?

上述種種,更值得有心做好資產傳承者們深思。

Chapter 3
法律：與資產移轉有關的法條

- 遺產繼承 vs. 夫妻剩餘財產差額分配請求權
- 資產轉移的相關稅法

法律：與資產移轉有關的法條

遺產繼承 vs. 夫妻剩餘財產差額分配請求權

在實際介紹資產移轉的策略及工具、方法之前，我必須先介紹在進行財富傳承時，一定會牽涉到的相關法律。其中最重要的兩部法規：

其一是跟「繼承權利」與「夫妻財產分配」有關的《民法》。

其二，則是與移轉課稅有關的《遺產及贈與稅法》。

一、繼承遺產

在整部《民法》中，與遺產繼承有關的重點，主要有以下四點：

重點1・繼承資格與同時生存原則。

也就是說，想要繼承某人的遺產，首先的條件是「具備法定繼承人的資格（配偶是當然繼承人，還有就是先順序的血親繼承人）；其次則是在「被繼承人死亡」的同時，擁有繼承權的人仍然「生存」，相關細節如（表 3-1）所示。

至於「擁有繼承權的人」，依照《民法》第 1138 條的規定，遺產繼承人除配偶（屬於「當然繼承人」）外，依左列順序定之：

一、直系血親卑親屬。

二、父母。

三、兄弟姊妹。

表 3-1 《民法》中，有關於配偶、血親與姻親的定義

	定義或成立條件	消滅原因
配偶	有兩人以上證人的簽名，並向戶政機關登記結婚。	・兩願離婚 ・裁判離婚 ・經法院調解或和解離婚
血親	・自然血親：發生原因為出生、準正（先出生，再結婚）及認領 ・擬制血親：因收養而發生的法定親屬	・自然血親：因死亡而消滅 ・法定血親：因死亡、終止收養、撤銷收養而消滅
姻親	・血親的配偶 ・配偶的血親 ・配偶血親的配偶	因離婚或撤銷結婚而消滅

資料來源、製表：李雪雯

四、祖父母。

以上《民法》對於繼承人的規定，很重要的一個重點有三：

其一：配偶與各順位繼承人同時擁有繼承權。也就是說，假設夫妻二人沒有小孩，其中一方的各親等血親，都擁有相同的繼承權。

其二：只有在前一順位繼承人出現「空缺」時，才會由下一個親等「遞補」。

其三：所謂的「血親」，並非只限定在合法婚姻之中的「血親」，其中還包括「沒有婚姻關係」（例如「非婚生子女」），或「離婚前或撤銷結婚前」已產生的血親（例如之前婚姻所生的子女）？相關詳情如（圖 3-1）所示。

重點 2．《民法》對於不同血親繼承人，都有不同的應繼分及特留分。

圖 3-1 遺產繼承人順序

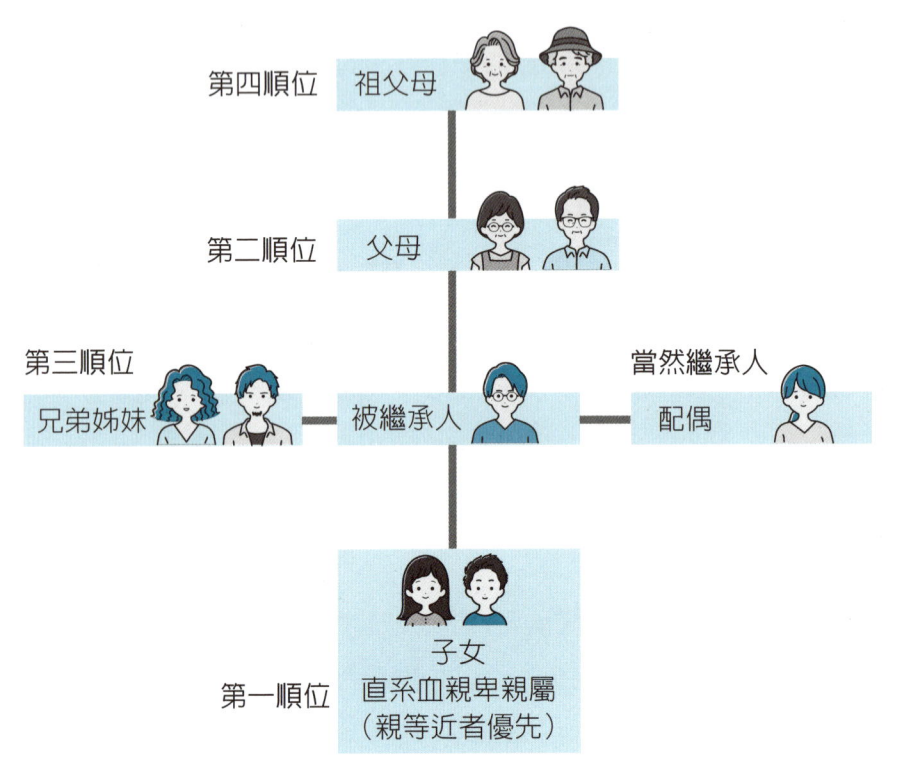

第四順位　祖父母

第二順位　父母

第三順位　兄弟姊妹　——　被繼承人　——　配偶　當然繼承人

第一順位　子女
直系血親卑親屬
（親等近者優先）

繪圖：李雪雯

　　有關「繼承最低遺產比例」的規定，詳情可見（表 3-2）所示：所謂「應繼分」與「特留分」的概念，簡單來說就是：被繼承人死亡後，法律規定一定要把遺產留給法定繼承人的「一定或最低比例」。

　　舉例來說，假設某某先生跟配偶共有三位子女，那麼配偶及三位子女在法律上的「應繼分」就是各「1／4」。不管他是否深愛老

表 3-2 《民法》對於各順位繼承人的「應繼分」與「特留分」規定

	應繼分		特留分
	各順位繼承人	配偶	
第一順位	有直系血親卑親屬	直系血親卑親屬與配偶共同均分	應繼分的 1／2
第二順位	父母	1／2	1／2
第三順位	兄弟姐妹	1／2	1／2
第四順位	祖父母	1／3	2／3	應繼分的 1／3
以上均無		全拿	

資料來源、製表：李雪雯

婆或三位小孩中的某一位，其配偶及每一位子女的「特留分」，就是這位先生所有遺產的 1／8，詳情可見（表 3-2）所示。

重點3・不是「所有」被繼承人的權利及義務，繼承人都（一定）要或可以繼承。

簡單來說，只要是專屬於被繼承人本身的權利與義務，繼承人是不得繼承的。原則上，繼承人從開始繼承時，就承受被繼承人財產上的一切權利、義務，像是房屋、土地等不動產、現金、銀行存款、股票、基金等權利，以及借款、保證、欠稅等債務。假設被繼承人的遺產，遠低於其負債。繼承人依法是可以「限定繼承（繼承人所承擔的債務，是以「所繼承到的遺產總額」為限：《民法》第1148條）」，也可以採取「拋棄繼承（參考《民法》第1174條）」的動作。

至於「具有一身專屬性」的權利與義務，就不能成為繼承的標的。這些主要是與「身分權」，以及「人格權」有關的權利與義務（例

如親屬間的扶養請求權、身體受傷害的慰撫金、著作人格權等）；而如果是以「特別信任關係」為前提的債權債務關係（像是委任、僱傭等），同樣也不得繼承。

根據專業律師的說法，如果是被害人對加害人的慰撫金提出請求權，那麼在「還未起訴」或經過加害人以契約進行「承諾」，那麼依法就不得讓與或繼承。其理由是：這些請求權在尚未轉化成「金錢給付」的財產性質前，仍具有一身專屬性。所以，只有被繼承人在身故前，已對加害人提起訴訟，未來這筆「慰撫金請求權」，繼承人才能依法承受訴訟，並繼續行使權利。

重點4・不只繼承財產，同時也包括負債。

以上所謂的「繼承」，除了被繼承所遺留的資產外，其實也還包括負債。只不過，其繼承的負債金額，根據《民法》第1153條第一項的規定，原則上只以「因繼承所得遺產」為限。也就是說，假設被繼承人資產有1,000萬元，但負債卻高達2,000萬元。這樣一來，繼承人必須負連帶責任的金額，就只有1,000萬元，而非2,000萬元。

重點5・遺產是由所有繼承人「公同共有」。

根據《民法》第1151條（繼承人有數人時，在分割遺產前，各繼承人對於遺產全部為公同共有），以及第827條（依法律規定、習慣或法律行為，成一公同關係之數人，基於其公同關係，而共有一物者，為公同共有人。前項依法律行為成立之公同關係，以有法律規定或習慣者為限。各公同共有人之權利，及於公同共有物之全部）的規定，被繼承人所有的遺產，都是由所有繼承人「公同共有」。

也就是說，如果繼承人只有一個人，那麼全部的遺產就會由他來繼承，也就不用進行什麼「遺產分割」；但如果繼承人有好幾位時，就會出現分割的問題了。況且在分割遺產前，全部的遺產是由各繼承人「公同共有」，也就是全部的遺產是屬於全體繼承人的。各繼承人的權利會及於遺產的全部，而不是侷限在某一特定財產。簡單來說，由於在分割前，遺產的全部都是「大家的」，那麼繼承人自然便不能就特定財產去「主張權利」。

舉例來說，張三的太太早逝，遺有一子一女。其中的兒子就不能主張張三的土地是他的。因為在分割前，不論是土地、存款或債權，全部都是屬於子女兩人的。只有在遺產進行分割之後，分到的部份才會變成是「某一位繼承人個人單獨擁有」。

當然，所有動產像是現金、有價證券或黃金珠寶、藝術品等，即便屬於「公同共有」，卻還算是容易分割。至於不動產部分，問題就比較複雜且難辦了。以不動產為例，所有繼承人依法，得要在被繼承人過世6個月內，先辦理繼承登記，遺產登記可由任何一位繼承人（可參考《土地法》第73條）做為全體繼承人來「聲請登記為公同共有的財產」，或是依照「所有繼承人的協議內容」完成登記（如果逾期，繼承人就會被處以罰鍰）。

原則上，繼承人可以隨時請求分割遺產（可參考《民法》第1164條），但如果被繼承人特別在遺囑中，禁止進行遺產分割，那就必須遵照遺囑的指示。這是因為遺產是被繼承人留下來的，一旦被繼承人在遺囑中，表示「如何分割」、「請人幫忙分割」或是「完

全不准分割」，那麼所有繼承人都必須尊重他的意思。

正由於遺產在分割前，是由各繼承人公同共有，所以如果一直不分割，就會持續由各繼承人公同共有。這個時候，遺產在公同共有的狀態下，要做任何的處分或行使權利，便都必須得到「全體公同共有人」的同意。其中只要有一個人反對，就不能進行處分。如此一來，不僅繼承人之間容易產生糾紛、遺產長期無法處理，也將不利經濟發展。所以法律便有規定（可參考《民法》第 1165 條）：被繼承人如果以遺囑方式，禁止分割遺產，最多只能禁止 10 年，超過 10 年，繼承人就可以請求分割了。

遺產分割的方法

各繼承人對於全部遺產是「公同共有」，並且得以隨時請求分割遺產。而依《民法》第 830 條第二項準用第 824 條的規定，請求分割共有物的方法，共有以下兩種：

1. 協議分割。根據《民法》第 824 條第一項規定：「共有物之分割，依共有人協議之方法行之」。基於契約自由，協議分割之分割方式不限，但必須經全體共有人的同意。但在協議共識之後，所有遺產還必須辦理分割登記，各繼承人才能取得單獨的所有權。

2. 裁判分割。如果共有人之間完全無法達成分割協議，或是曾經達成協議，卻因為擱置太久（超過 15 年）沒有辦理分割登記，進而導致時效消滅，或是共有人拒絕履行時，依《民法》第 824 條第二項的規定，任何共有人都可以向法院請求裁判分割[1]。

一般來說，法院裁判分割的方式，共有以下四種：

（1）**以原物分配於各共有人**。可詳見《民法》第 824 條第二項第一款。舉例來說，有兩位繼承人的張三，其遺產共有一間市值約 1,400 萬元的舊公寓，以及 600 萬元的有價證券。

依《民法》第 824 條第三項的規定，原物分配如果有「不能按其應有部分受分配」時，可以用金錢補償。這個時候，可以將不動產及有價證券，分別給兩位繼承人。其中拿到公寓的繼承人，要補 400 萬元，並給只拿到 600 萬元市值有價證券的繼承人。

（2）**將原物分配給部分共有人，其餘共有人則接受原物分配者的金錢補償**。可詳見《民法》第 824 條第二項第一款的但書、第 824 條第三項。假設上例的張三，有三位遺產繼承人。則可以一位分得公寓、一位分得有價證券，兩位拿到原物的繼承人，則各用現金，補給第三位繼承人。

（3）**部分原物分配，部分原物變賣為現金分配**。可詳見《民法》第 824 條第二項第一款。同樣以上例，先將 600 萬元的有價證券，平均分配給三位繼承人，再將公寓變賣為現金，平均分配給三位繼承人。

（4）**變賣共有物，再以現金平均分配給各共有人**。可詳見《民法》第 824 條第二項第二款。例如將公寓及有價證券，全部變賣為現金 2,000 萬元，再平均分配給三位繼承人。

二、夫妻剩餘財產差額分配請求權

儘管夫妻剩餘財產差額分配請求權的動用，並不是配偶中的一方向比較有錢的他方，索討他名下一半的財產。然而存活的另一半，是可以依照法律所賦與的此一權利，而去做爭取。

根據《民法》第 1030-1 條規定：「法定財產制關係消滅時，夫或妻現存之婚後財產，扣除婚姻關係存續所負債務後，如有剩餘，其雙方剩餘財產之差額，應平均分配」。實際以某老王夫妻為例，老王婚前有 300 萬元資產、王太太婚前獲得父母嫁妝 200 萬元。

老王身故後，遺有 2,000 萬元遺產以及 500 萬元的負債；沒有上班的王太太，在家中自行投資所累積的財產有 500 萬元，也沒有任何負債。

因此，老王的遺產是 2,000 萬元 –500 萬元負債＝ 1,500 萬元。老王的婚後剩餘財產，則是 2,000 萬元 – 婚前財產 300 萬元 –500 萬元負債＝ 1,200 萬元；至於王太太的婚後剩餘財產是 500 萬元 –200 萬元＝ 300 萬元；兩人的婚後剩餘財產差額為 900 萬元。

也就是說，王太太可以從老王的遺產中，拿走的婚後剩餘財產差額一半的請求金額是 450 萬元。

假設老王夫妻兩人沒有任何子女，但有兩位哥哥及姐姐；或是老王夫妻生有兩位子女，老王的遺產分配，可參考（表 3-3）所示：

表 3-3 是否主張「夫妻剩餘財產差額分配請求權」的遺產分配

老王──王太太剩餘財產差額	900 萬元	
不同情況	老王夫妻無任何子女，但老王有兩位兄姐。	老王夫妻有兩名子女
王太太「未」主張夫妻剩餘財產差額請求權	王太太：750 萬元 王兄：375 萬元 王姐：375 萬元	王太太：500 萬元 王子：500 萬元 王女：500 萬元
王太太「有」主張夫妻剩餘財產差額請求權	王太太：450 + 525 萬元 = 975 萬元 王兄：262.5 萬元 王姐：262.5 萬元	王太太：450 + 350 萬元 = 800 萬元 王子：350 萬元 王女：350 萬元

資料來源、製表：李雪雯

總體來說，夫妻剩餘財產差額分配請求權，基本上有以下幾大重點：

重點 1・只有在「配偶死亡」或「離婚」時，可請求此權利。

所謂配偶剩餘財產差額分配請求權，是指依《民法》第 1030-1 條規定，在「夫妻法定財產制關係消滅」時的權利。而「夫妻法定財產制關係消滅」的情形只有兩種，一是「配偶死亡」，另一則是「離婚」。而當消滅原因不同時，另一半能夠拿到的錢，也可能會有極大的差異。

簡單來說，假設共有兩位子女的王先生，與王太太協議離婚，王太太只能就兩人婚後的剩餘財產差額，進行此一權利的主張及分配。但如果是王先生過世，就算王先生的遺產，全都是婚前財產，

且王先生也沒有另外立遺囑,對遺產進行分配。那也只代表王太太,沒有辦法主張「夫妻剩餘財產差額分配請求權」,卻不代表王太太一毛錢遺產都拿不到,相關細節如(表3-4)所示。也就是說,王太太仍能與兩位子女共同繼承先生的遺產。

還有值得注意的是:假設王先生前立有遺囑,將所有遺產,全都留給兩位子女,王太太仍可依據《民法》「夫妻剩餘財產差額分配請求權」,以及「特留分」的規定主張權益。

只不過,王先生的婚前及婚後財產金額的多少,是會影響到王先生特留分的多寡。也就是說,王太太可以先主張婚後財產剩餘差額分配請求權後,再就王先生剩下的其他遺產,請求特留分。

例如王先生婚後財產有2億元,王太太仍可主張先分夫妻剩餘財產差額1億元,再就王先生剩下的遺產9億元,依據《民法》特留分的規定,主張特留分1／6(應繼分1／3的一半),也就是1.5億元,總共可拿到2.5億元。

重點2.只有採取「法定財產制」的夫妻,才有此一權利。

根據《民法》第1017條的規定,夫妻財產可以有「法定」及「約定(分別或共同)」財產制,總共三種。

而其中的「法定財產制」,是以「男女平權」的角度來看待夫妻雙方對於家庭的貢獻。所以基本上來說,夫妻婚前與婚後的財產與債務都是「各歸各的」,不會有夫債妻還或是妻債夫還的問題。因此,夫妻離婚之後,婚後經濟弱勢的一方可向他方主張剩餘財產的分配,詳情可見(表3-5)所示。

表 3-4 法定財產制關係消滅的原因,以及婚前、後財產的差異,將影響另一半所能拿到的錢

婚前財產	婚後財產	離婚時的夫妻剩餘財產差額分配請求權金額	配偶身故時的夫妻剩餘財產差額分配請求權金額
10 億元	0 元	王太太分得 0 元	王太太先分婚後剩餘差額:0 元 與 2 小孩均分遺產:10 億元 王太太共分得:3.33 億元
8 億元	2 億元	王太太分得 1 億元	王太太先分婚後剩餘差額:1 億元 與 2 小孩均分遺產:9 億元 王太太共分得:4 億元
5 億元	5 億元	王太太分得 2.5 億元	王太太先分剩餘差額:2.5 億元 與 2 小孩均分遺產:7.5 億元 王太太共分得:5 億元
2 億元	8 億元	王太太分得 4 億元	王太太先分婚後剩餘差額:4 億元 與 2 小孩均分遺產:6 億元 王太太共分得:6 億元
0 元	10 億元	王太太分得 5 億元	王太太先分婚後剩餘差額:5 億元 與 2 小孩均分遺產:5 億元 王太太共分得:6.67 億元

說明:以上假設先生總遺產共 10 億元,太太並沒有任何財產,兩人婚後也沒有任何負債。

資料提供:羅翠慧律師
製表:李雪雯

另外，正因為夫妻法定財產制的消滅，除了「雙方離婚」或「一方死亡」之外，也包括「夫妻改用其他財產制」。所以如果夫妻一方發現另一方，有掏空財產的跡象，也可向法院聲請改用分別財產制，以便提前進行剩餘財產分配、保障自身權益。

重點3・此權利具備「時效」性。

但要特別提醒，這個請求權是有時效性的。依照《民法》第1030-1條第五項規定，從請求權人「知有剩餘財產之差額時起算，二年間不行使，或是自法定財產制關係消滅（離婚或他方死亡）時起算，逾五年沒有行使，則請求權消滅」。

重點4・計算差額時，還分有「計入」與「不計入」兩種。

夫妻剩餘財產差額的計算公式是：〔（夫的財產＋妻的財產）－負債〕／2。舉例來說，甲夫及乙妻，未約定財產制（所以屬於「法定財產制」，適用夫妻剩餘財產分配請求權）。甲夫在婚前有存款300萬元，乙妻婚後沒有工作，兩人離婚時，總共財產有3,000萬元、房貸500萬元。那麼，乙妻可以主張（3,000–300–500／2＝1,100萬元），也就是有1,100萬元的剩餘財產分配請求權。

但是，不計入婚後財產的項目包括「婚前所有」、「繼承或無償取得」及「慰撫金」。而之所以有後二者的排除，主因是這類特定財產，是基於單方個人因素而獲得，與夫妻合力養家及分工合作無關。而關於這部分，頗值得夫妻們特別注意的是：假設房子是先生出錢買，但登記在太太名下。未來這間房子是否要納入剩餘財產分配之中，這就得看這間不動產到底是先生，向太太「借名登記」？

表 3-5 三種夫妻財產制的財產所有權

是否適用《民法》1030 條之 1「夫妻剩餘財產差額分配請求權」的規定		婚前財產	婚後財產
是	法定財產制	財產各自所有、各自管理、使用、收益及處分；債務各自負擔。	財產各自所有、各自管理、使用、收益及處分；債務各自負擔。
否	共同財產制	特有財產	共同財產
		財產各自所有，各自管理、使用、收益及處分；債務由各人的特有財產清償。	財產共有，須經雙方同意才能使用及處分；債務由共同財產清償。
	分別財產制	不區分婚前、婚後財產，財產各自獨立；財產各自所有、各自管理、使用、收益及處分；債務各自負擔。	

資料提供：羅翠慧律師
製表：李雪雯

還是先生「無償贈送」給太太的？

除此之外，只要是「不能證明是婚前或婚後」的財產，通常都會推定是「婚後財產」；而凡是「不能證明是夫或妻」的財產，則會推定為「夫妻共有」。更重要的是：婚姻存續中所產生的孳息，全被視為「婚後財產（例如夫妻一方在婚前所有的房產，出租後的租金收益，或是所買有價證券的股利所得）」之列。

而在各自計算出夫與妻的剩於財產之後，王太太能不能主張此

一權利，還得要看王太太本身，有多少婚後的剩餘財產？也就是說，假設王太太的婚後剩餘財產，跟王先生相同，或是多於先生。那麼，她也沒有資格先主張此一權利（請見表3-6）。

重點5‧若覺得不公平，還可以調整。

根據最新修訂的《民法》第1030-1條第二項的規定，如果依法計算平均分配「顯失公平」時，一方可以請求法院調整或是免除其分配額。例如夫妻一方完全不負擔家務、終日無所事事，單靠另一半在外工作養家。

重點6‧反制脫產，五年內移轉的標的，都算婚後財產。

假設夫或妻中的一方，想要減少各自的夫妻婚後財產總額，而刻意提早將財產進行移轉及處分。這時，《民法》第1030-3條就有規定：「夫或妻為減少他方對於剩餘財產之分配，而於法定財產制關係消滅前五年內處分其婚後財產者，應將該財產追加計算，視為現存之婚後財產。但為履行道德上義務所為之相當贈與，不在此限」。

也就是說，除非是為了「履行道德上義務」所進行的贈與，否則當夫妻二人離婚時，在法定財產制關係消滅前的五年內，提早處分二人的婚後財產，全都必須回計到婚後財產之中。

重點7‧夫妻間的資產移轉，可申請不課徵土地增值稅，也不會有贈與稅及所得稅的問題。

另外，依財政部函釋，夫妻離婚或婚姻關係存續中，將法定財產制變更為其他夫妻財產制，夫或妻一方依《民法》第1030-1條規

表 3-6 「夫妻剩餘財產差額分配請求權」與兩人婚後剩餘財產多少有關

	婚後剩餘財產		王太太可否主張「夫妻剩餘財產差額分配請求權」？
	王先生	王太太	
狀況一	2,000 萬元	0 元	王太太可主張 1,000 萬元
狀況二	2,000 萬元	2,000 萬元	王太太不能主張
狀況三	1,000 萬元	2,000 萬元	王太太不能主張

資料提供：羅翠慧律師
製表：李雪雯

定，行使剩餘財產差額分配請求權，並在申報土地移轉現值時，必須檢附離婚登記、夫妻財產制變更契約，或是法院登記等，法定財產制關係消滅的證明文件，以及夫妻訂定協議給付文件，或是法院的確定判決書，就可以依照《土地稅法》第 28-2 條的規定，申請不課徵土地增值稅。

此外，也就不會有贈與稅及所得稅的問題。

---

1. 因繼承回復、遺產分割、特留分、遺贈、確認遺囑真偽，或繼承人間因繼承關係所生請求事件，得由下列法院管轄：一、繼承開始時，被繼承人住所地的法院；被繼承人在國內無住所者，則為其在國內居所地的法院。二、主要遺產所在地的法院，此在《家事事件法》第 70 條中有明文規定，《民事訴訟法》第 18 條第 1 項原規定：「因遺產之繼承、分割、特留分或因遺贈或其他因死亡而生效力之行為涉訟者，得由繼承開始時被繼承人住所地之法院管轄」。之後在民國 102 年 5 月 8 日修正為：「因自然人死亡而生效力之行為涉訟者，得由該自然人死亡時之住所地法院管轄，考其立法理由為：《家事事件法》第 3 條第 3 項第 6 款，將「因繼承回復、遺產分割或繼承人間因繼承所生事件等」，列為家事事件，並於第 70 條明定其管轄法院，依該法第 196 條規定應優先適用。現行條文關於以上事件管轄法院的規定，應予刪除，是《家事事件法》就該等事件已有特別規定管轄法院。以上可以參照「最高法院 106 年度台抗字第 2 號民事裁定」）

權利你我他

夫妻婚後把財產都放在一方名下，另一方如何解套？！

當夫妻兩人愛得情濃意蜜、財產不分你我之際，這時財產放誰名下，相信都不會是問題。甚至有些夫妻會為了方便管理資產，選擇在婚後將大部分財產，甚至全部放在某一方名下……

然而這種方法會面臨的問題是：未來兩人若不幸離婚，就非常有可能出現「財產被某一方整碗端走」的紛爭。為此，就有律師建議名下沒有什麼財產的一方，或許可考慮採取以下方式自保：

方式1、平日就保存證據：若其中一方，當初是以借名方式將財產放在自己名下，另一方就必須保留「可做為借名關係」的合意簡訊、契約文件、付款金流等證據。當然，更加保險及安全的做法是「將財產進行信託」。

方式2、額外簽立「借名登記」的契約：假設婚後雙方一起出資買房，但只登記在一人名下。由於在法律名目上，不動產只屬於一個人持有。這時通常就會有律師，建議擔心名下毫無保障的另一方，可以額外簽立「借名登記」契約，並註明權利歸屬。如此一來，有出錢但未登記的一方，日後在尋求法律上的保障時，才能有憑有據。

方式3、主張剩餘財產分配請求權：如果名下沒有任何財產的一方，無法證明有借名登記的關係，也可申請行使「夫妻剩餘財產差額分配請求權」。

相較於前面的「借名登記」，此法雖有機會取回一半財產。但風險是：由於「夫妻剩餘財產」還必須扣除「婚前財產」以及「受贈與的財產」，而擁有財產權的一方，通常會以主張「不應計入婚後財產」做為理由來抗辯。

資產轉移的相關稅法

當然，與資產移轉有關的相關稅法眾多，至少包括了《土地增值稅》、《房地合一稅》、《最低稅負制》。其中最重要的就是「遺產稅」及「贈與稅」。至於兩者的差別在於「生前移轉」是課徵「贈與稅」，至於「死後繼承」才課徵的則是「遺產稅」。

但，不論是遺產稅或贈與稅，其實都是一體之兩面。

為什麼這麼說？

因為贈與稅，其實就是避免擁有遺產的人，為了規避大筆的遺產稅，而趕在其生前就移轉資產而提前贈與。所以只要有資產，不是被課贈與稅，就是要被課遺產稅。其中唯一的差異在於：兩者的「課稅級距」不同。

一、遺產稅

原則上的遺產稅課徵，是以被繼承人的「資產」扣除「負債」、「配偶剩餘財產差額分配請求權」，以及「免稅扣除額」後的金額為基礎（稅基），再乘以對應的累進稅率。

其中所謂的「資產」，包含過世前兩年贈與配偶、或贈與子女、孫子女、父母，兄弟姊妹、祖父母等各順序繼承人（參照《民法》1138及1140條）或其配偶的財產，且經常居住於境內（即在我國有

戶籍登記，或雖無戶籍登記但繼承前兩年，已經在國內待超過365天）的國民，其境內、外的資產，都必須列入遺產總額計算（應計入遺產總額項目、各種財產的價值認定，以及遺產稅稅率，詳情可參考（圖3-2）、（表3-7）。至於哪些被繼承人的財產，必須列入遺產稅的課徵範圍？基本上，主要有以下二大範圍：

首先，只要是「經常居住在中華民國境內」，同時也是「中華民國國民」，不論其遺產在「（中華民國）境內」或「境外」，都得計入遺產總額當中（《遺產及贈與稅法》第4條）。

《遺產及贈與稅法》第4條有關「經常居住我國境內」的認定是：

第一、死亡事實或贈與行為發生前兩年，在中華民國境內有住所。

第二、在中華民國境內無住所而有居所，且在死亡事實發生前兩年內，在我國境內居留時間合計超過365天，但受我國政府聘請從事工作，在我國境 也有特定居留期限者，不在此限。

其次，被繼承人死亡前，因重病、無法處理事務期間的舉債、出售財產或提領存款，而其繼承人對該項借款、價金或存款卻又無法證明其用途時，該借款或價金仍會被列入遺產課稅（《遺產及贈與稅法施行細則》第13條）。

所謂「負債」是指，被繼承人死亡前未償還，但確實可證明的債務。也就是說，遺產若要扣除負債，還得當事人提出，像是借款契約、金流證據等證明才行，以此供國稅局審核通過之後，才能被扣除。此外還得特別注意，「境外」負債依《遺產與贈與稅法》第17條第二項的規定，並不屬於「得扣除」的範圍。至於不計入遺產

總額中計算項目、免稅額、扣除額等項目,請參見(表 3-8、表 3-9、表 3-10)所示。

圖 3-2 計入遺產總額的範圍

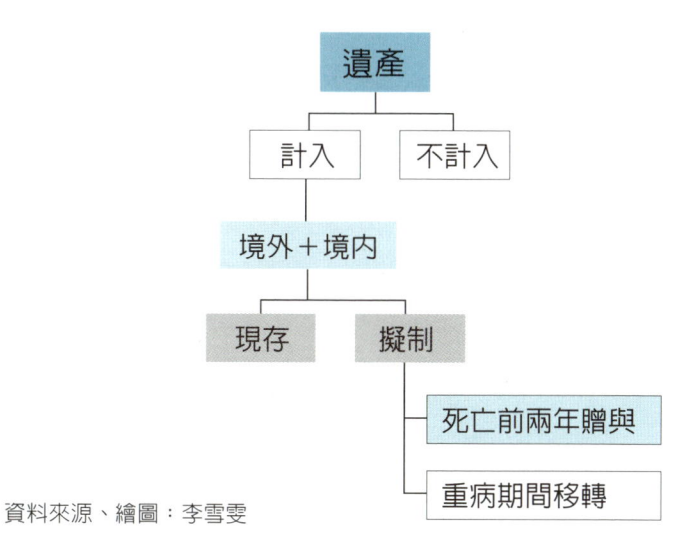

```
                    遺產
                   /    \
                 計入    不計入
                  |
              境外＋境內
               /      \
             現存      擬制
                        |
                   死亡前兩年贈與
                   重病期間移轉
```

資料來源、繪圖:李雪雯

表 3-7 財產價值的認定

項目		財產價值
原則		時價
不動產	土地	公告現值(土地登記簿謄本)
	房屋	評定價格(房屋稅繳款書)
上市、櫃股票		收盤價＊信託股數
興櫃股票		當日或前一個最近營業日的日均價＊股數
未上市、櫃股票		資產淨值(公司每股淨值＊股數)
信託		郵局一年期固定利率折算現值

資料來源、製表:李雪雯

表 3-8 不計入遺產總額，以及免稅額、扣除額的內容（2025 年適用）

項目	《遺贈稅法》法條	
不計入遺產總額	第 16 條	・遺贈人、受遺贈人或繼承人捐贈各級政府及 ・遺贈人、受遺贈人或繼承人捐贈公有事業機 ・遺贈人、受遺贈人或繼承人捐贈於被繼承人 　文化、公益、慈善、宗教 團體及祭祀公業 ・遺產中有關文化、歷史、美術之圖書、物品， 　，仍須自動申報補稅。 ・被繼承人自己創作之著作權、發明專利權及 ・被繼承人日常生活必需之器具及用品，其總 ・被繼承人職業上之工具，其總價值在 56 萬 ・依法禁止或限制採伐之森林，但解禁後仍需 ・約定於被繼承人死亡時，給付其所指定受益 ・被繼承人死亡前五年內，繼承之財產已納遺 ・被繼承人配偶及子女之原有或特有財產，經 ・被繼承人遺產中經政府闢為公眾通行道路之 　房屋應保留之法定空地部分，仍應計入遺產 ・被繼承人之債權及其他請求權不能收取或行
免稅額	─	・依遺產及贈與稅法第 18 條規定：「被繼承 　1,200 萬元；其為軍警公教人員因執行職務 　或非中華民國國民， 其減除免稅額比照前 ・依財政部 2021.11.24 台財稅字第 1100467 　額為 1,333 萬元。 ・依 2009.01.21 總統令公布之修正後遺產及 　額為 1,200 萬元。

內容
公立教育、文化、公益、慈善機關之財產
構或全部公股之公營事業之財產。
死亡時,已依法登記設立為財團法人組織且符合行政院規定標準之教育、
之財產。
經繼承人向主管稽徵機關聲明登記者。但繼承人將此項圖書、物品轉讓時

藝術品。
價值在 100 萬元以下部分。
元以下部分。
自動申報補稅。
人之人壽保險金額,軍、公 教人員、勞工或農民保險之保險金額及互助金。
產稅者。
辦理登記或確有證明者。
土地或其他無償供公眾通行之道路土地,經主管機關證明者。但其屬建造
總額。
使確有證明者。 |

人如為經常居住中華民國境內之中華民國國民,自遺產總額中減除免稅額
死亡者,加倍計算。被繼承人如為經常居住中華民國境外之中華民國國民,
項規定辦理。」
0210 號公告,繼承發生日(死亡日)在 2022.01.01 以後者,遺產稅免稅

贈與稅法規定,繼承發生日(死亡日)在 2009.01.23 以後者,遺產稅免稅

| 扣除額 | 第17條第1項、第17條之1第1項 | 死亡在 2025.01.01 之後：
· 被繼承人遺有配偶者，自遺產總額中扣除 553
· 繼承人為直系血親卑親屬者，每人得自遺產年加扣 56 萬元。但親等近者拋棄繼承由次
· 被繼承人遺有父母者，每人得自遺產總額中
· 第1款至第3款所定之人如為身心障礙者權每得再加扣 693 萬元。
· 被繼承人遺有受其扶養之兄弟姊妹、祖父母按其年齡距屆滿成年之年數，每年加扣 56
· 遺產中作農業使用之農業用地及其地上農作承受人自承受之日起五內，未將該土地繼續所令期限內已恢復作農業使用而再有未作農收或依法變更為非農業用地者，不在此限。
· 被繼承人死亡前六年至九年內，繼承之財產
· 被繼承人死亡前，依法應納之各項稅捐、罰
· 被繼承人死亡前，未償之債務，具有確實證
· 被繼承人之喪葬費用，以 138 萬元計算。
· 執行遺囑及管理遺產之直接必要費用。
· 配偶剩餘財產差額分配請求權，依《遺產及之中華民國國民，或非中華民國國民者，不在中華民國境內發生者為限；繼承人中拋棄 |

資料來源：https：／／www.etax.nat.gov.tw／etwmain／tax–info／understanding／
製表：李雪雯

2025 年起，遺贈稅課稅級距調高，節稅效果明顯

儘管 2025 年並未調整遺產及贈與稅的免稅額及扣除額，但由於課稅級距的調高，其節稅效果已相當明顯。舉台北國稅局為例，假設遺產淨額 5,621 萬元，若繼承案件發生（死亡年度）於 2024 年，遺產稅額為 5,931,500 元（5,000 萬元 × 稅率 10％ ＋ 621 萬元 × 稅率 15％）；若繼承案件發生於 2025 年，遺產稅額則為 5,621,000 元

萬元。
總額中扣除 56 萬元。其有成年者，並得按其年齡距屆滿成年之年數，每
親等卑親屬繼承者，扣除之數額以拋棄繼承前原得扣除之數額為限。
扣除 138 萬元。
益保障法規定之重度以上身心障礙者，或精神衛生法規定之嚴重病人，人

者，每人得自遺產總額中扣除 56 萬元；其兄弟姊妹中有未成年者，並得
萬元。
物，由繼承人或受遺贈人承受者，扣除其土地及地上農作物價值之全數。
作農業使用且未在有關機關所令期限內恢復作農業使用，或雖在有關機關
業使用情事者，應追繳應納稅賦。但如因該承受人死亡、該承受土地被徵

已納遺產稅者，按年遞減扣除 80%、60%、40% 及 2%。
鍰及罰金。
明者。

贈與稅法》第 17 條第 2 項規定：「被繼承人如為經常居住中華民國境外
適用前項第 1 款至第 7 款之規定；前項第 8 款至第 11 款規定之扣除，以
繼承權者，不適用前項第 1 款至第 5 款規定之扣除」。

tax–saving–manual / national / estate–and–gift–tax / QbA7Lqp

（5,621 萬元 × 稅率 10%），稅負差異為 31 萬 500 元。

假設遺產淨額 1 億 1242 萬元，若繼承案件發生於 2024 年，遺產稅額為 14,984,000 元（5,000 萬元 ×10% ＋ 5,000 萬元 ×15% ＋ 1,242 萬元 ×20%）；若繼承案件發生於 2025 年，遺產稅額則為 14,052,500 元（5,621 萬元 ×10% ＋ 5,621 萬元 ×15%），稅負差異高達 931,500 元，請見（表 3-11）所示。

表 3-9 各項遺產扣除額

項目	內容	繼承發生日（死亡日）在 2025.01.01 以後
不計入遺產總額之金額	稅額	1,333 萬
	被繼承人日常生活必需之器具及用具	100 萬
	被繼承人職業上之工具	56 萬
扣除額	配偶扣除額	553 萬
	直系血親卑親屬扣除額	56 萬
	父母扣除額	138 萬
	身心障礙特別扣除額	693 萬
	受被繼承人扶養之兄弟姊妹祖父母扣除額	56 萬
	喪葬費扣除額	138 萬

資料來源：https://www.etax.nat.gov.tw/etwmain/tax-info/understanding/tax-saving-manual/national/estate-and-gift-tax/QbA7Lqp
製表：李雪雯

表 3-10 遺產稅稅率表

遺產淨額	稅率	累進差額
5,621 萬元以下	10%	0
5,621～12,420 萬元	15%	281.05 萬元
12,420 萬元以上	20%	843.15 萬元
說明：死亡日在 2025.01.01 以後適用		

資料來源、製表：李雪雯

表 3-11 遺贈稅課稅級距調高前、後的稅負差異

遺產淨額舉例	繼承案件發生年度 2024 年	繼承案件發生年度 2025 年	稅負差異
5,621 萬元	5,931,500 元	5,621,000 元	310,500 元
1 億 1,242 萬元	14,984,000 元	14,052,500 元	931,500 元

資料來源：https://ec.ltn.com.tw/article/breakingnews/4916442
製表：李雪雯

還有值得規劃者注意的是，《民法》對於遺產的定義，與《遺產及贈與稅法》有所不同，在《民法》中，有所謂的「生前特種贈與歸扣」，例如因為結婚、分居或營業所為的特種贈與，法律上會認為這是「先把遺產付出去了」。所以，在實際計算遺產總額時，要將該贈與價額從該繼承人的應繼分中扣除（又稱歸扣），可參考《民法》第1173條。

而在《遺產及贈與稅法》之中的第15條第一項，也有「視為遺產」的規定：假設被繼承人死亡前二年內有贈與行為，尤其是贈與現金給配偶，或贈與子女、孫子女、父母，兄弟姊妹、祖父母各順位繼承人或其配偶，即使一年內的贈與總額沒有超過244萬元，或屬於免稅的贈與，仍得併入被繼承人的遺產總額中申報（如果應該計入遺產申報而未申報，事後被查到時，會先被課贈與稅，後要補繳遺產稅）。

但是，《遺產與贈與稅法》中的「視為遺產」，與《民法》中的「歸扣」所代表的含義並不相同，請見（表3-12）。

簡單來說，以上兩者有以下的不同：

首先，《民法》有關「歸扣」的範圍只限於「因結婚、分居或營業所為的特種贈與」；而《遺贈稅法》的課稅範圍（視為遺產），則包括了「被繼承人死亡前兩年所移轉資產」。其次，只要是「被繼承人死亡前兩年移轉的資產」，就是要列入遺產總額中計算的標的；但《民法》中的「特種贈與」，只要送的當事人「說不用還」，這些資產就不用進行「歸扣」。再者，非「特種贈與」之外的生前

贈與，是不會受「特留分」規定的限制。假設沒有在「生前兩年內贈與」，也就不會有「必須計入遺產總額中課稅」的問題。

　　正因為兩者的差別，所以值得一般民眾注意的重點是：有些民眾會透過保單來節稅，但國稅局卻會採實質課稅原則，將保險理賠金納入被保險人的遺產總額中，向民眾課徵遺產稅。但以上「課過遺產稅」的行為並不表示：有權繼承的人，在補繳遺產稅之後，就一定能拿到這筆保險理賠金。因為如果代繳稅款者，並不是保險理賠金的指定受益人，待完稅之後，一樣還是拿不到這筆保險金！詳請可參考（表3-13）所示。

表 3-12 《民法》中的「歸扣」，與《遺贈稅法》中的「視為遺產」差別

	《民法》列入歸扣	《遺贈稅法》視為遺產
生前贈與要列入項目	第 1173 條： ・繼承人中有在繼承開始前因結婚、分居或營業，已從被繼承人受有財產之贈與者，應將該贈與價額加入繼承開始時被繼承人所有之財產中，為應繼遺產。但被繼承人於贈與時有反對之意思表示者，不在此限。 ・前項贈與價額，應於遺產分割時，由該繼承人之應繼分中扣除。 ・贈與價額，依贈與時之價值計算。	第 15 條第 1 項規定：被繼承人死亡前二年內贈與下列個人之財產，應於被繼承人死亡時，視為被繼承人之遺產，併入其遺產總額，依本法規定徵稅： ・被繼承人之配偶。 ・《民法》第 1138 條、第 1140 條規定之各順序繼承人（直系血親卑親屬、父母、兄弟姊妹、祖父母） ・各順序繼承人之配偶。
可否不算？	「被繼承人於贈與時有反對之意思表示」時，可以不必「歸扣」。	無
範圍	因結婚、分居或營業所為的特種贈與，且無時間限制。	被繼承人死亡前二年移轉資產。

資料來源、製表：李雪雯

表 3-13 沒有現金繳納遺產稅的五種替代方案

	適用條件	內容
先提領現金繳納	繳納稅金低於 20 萬元	從「存款不足 20 萬元」的帳戶中提領並繳稅。
緩繳	有正當理由	在繳納期限內,向國稅局申請延期 3 個月繳納。
分期繳納	應納遺產稅額在 30 萬元以上	向國稅局申請分 18 期以內繳納,每期間隔不得超過 2 個月。
用帳戶內現金	即便分期也無力繳納遺產稅,但遺產內有充足現金可繳稅。	經由繼承人過半數及其應繼分合計過半數之同意(1/2＋1/2),或繼承人的應繼分,合計超過 2/3(應繼分 2/3)同意後,提出申請直接由遺產的現金存款抵繳。
實物抵繳	遺產中現金存款不足以繳納遺產稅,且應納稅額超過 30 萬元以上。	如果具有「易於變價及保管」的屬性,依《遺產及贈與稅法施行細則》第 45 條第一項的規定,可以以國稅局在核定總遺產價值時,對該物的「評定價值」來抵繳稅款。
變賣遺產繳稅	不用高市價不動產,以低價(公告地價與評定現值)來抵繳稅款。	國稅局同意在繼承人先提供符合《稅捐稽徵法》第 11-1 條規定的擔保品下,國稅局會核發同意移轉證明書。這個時候,繼承人就可以先在市場上,將不動產出售,並將不動產移轉給買家取得價金,再以出售價金,來繳納遺產稅。

資料來源、製表:李雪雯

二、贈與稅

贈與稅的課徵範圍,其實與遺產稅類似,境內、境外的贈與都要列入計算。只是其免稅額及扣除額,相對於遺產稅來說,就顯得

優點	缺點
直接提領現金完成繳納	不是從存款帳戶內,提領 20 萬元以內的現金,而只能從「存款餘額不滿 20 萬元」的帳戶內提領。
多了 3 個月繳稅緩衝期	但最多也只延後 3 個月而已
不用一次拿一大筆現金繳稅	18 期、每次間隔 2 個月,代表必須在 3 年繳完,且中間也不得中斷。
納稅義務人不用從自己裡口袋裡,掏錢出來繳稅。	必須經由繼承人一定比例以上同意
不用另外籌現金繳稅	・實物抵繳有其限制,且抵繳的金額以國稅局計算標的物價值為準。 ・如果屬於「不易」變價或保管的實物,最多也只能抵繳該物「佔全部課徵標的遺產比例」的稅額,差額還是要用現金或其他實物補足。例如不易變價實物,佔總遺產金額 1／4,而需要繳稅金額是 400 萬元。那不易變價實物,最多只能抵繳 100 萬元。其餘 300 萬元,還是得現金,或其他實物補足。
賣出高市價資產,繳稅之後,可能還剩下不少餘額。	・擔保品標的有特殊限制 ・因為繳稅期間是固定的,如果沒有事先申請展延,仍然得在核定期限內繳納。否則,仍有可能「加徵滯納金」,或是「變賣擔保品」。

得簡單的多。基本上,法人贈與給個人,法人免繳贈與稅,但受贈人應繳所得稅。

一般依照《遺產及贈與稅法》第 7 條的規定,贈與稅的納稅義

務人是「贈與人」。但是，同《所得稅法》第 4 條第一項第十七款則規定：「因繼承、遺贈或贈與而取得之財產免納所得稅，但取自營利事業贈與之財產不在此限」。也就是說，營利事業（法人）贈與財產給個人（自然人），法人免繳贈與稅，但受贈的個人，卻得繳所得稅，細節可參考（圖 3-4）。

儘管所有超過免稅額，或是不屬於「非計入贈與總額」的項目（金額），都屬於應稅對象。但有一個例外就是「夫妻間互相贈與免稅」。根據《遺產及贈與稅法》第 20 條第一項第六款的規定：配偶相互贈與的財產，不計入贈與總額，而且可以申請不課徵土地增值稅（但要繳契稅及印花稅）。然而必須注意的是：夫妻離婚之後再進行的贈與行為，贈與人會被課徵贈與稅，細節可參考（表 3-14、表 3-15）。

三、其他：《信託法》、《保險法》、《公司法》

在進行資產移轉時，除了依據《民法》與《遺產及贈與稅法》的相關規定外，還會牽涉到更多的法律。就以課稅的相關規定來說，除了《土地法》、《土地稅法》、《信託法》、《保險法》等之外，在公司股權移轉時，很重要的一部法典就是《公司法》。特別是《公司法》中，有關於「閉鎖性股份有限公司」的規定，對於想要移轉股權的企業主來說，就是相當重要的好幫手（詳見「第六章、資產 vs. 工具的完美搭配」內容）。

在先對繼承權利以及相關課稅規則了解之後，才有助於於想要進行資產移轉規劃的讀者們，進一步認識各種策略及工具、方法。

圖 3-4 計入贈與總額的範圍

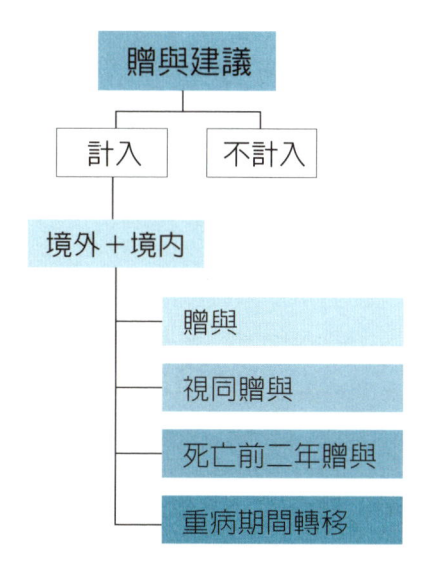

```
              贈與建議
             ／      ＼
          計入        不計入
           │
        境外＋境內
           ├── 贈與
           ├── 視同贈與
           ├── 死亡前二年贈與
           └── 重病期間轉移
```

資料來源、繪圖：李雪雯

表 3-14 贈與稅稅率表

遺產淨額	稅率	累進差額
2,811 萬元以下	10%	0
2,811～5,621 萬元	15%	140.55 萬元
5,621 萬元以上	20%	421.6 萬元

說明：死亡日在 2025.01.01 以後適用

資料來源：https://www.etax.nat.gov.tw/etwmain/tax-info/understanding/tax-saving-manual/national/estate-and-gift-tax/Zk0M2Ba
製表：李雪雯

表 3-15 贈與稅不計入贈與總額，以及免稅額、扣除額的內容

項目	《遺贈法》法條	內容
不計入	20 條	・捐贈各級政府及公立教育、文化、公益、慈善機關之財產 ・捐贈公有事業機構或全部公股之公營事業之財產 ・捐贈依法登記為財團法人組織且符合行政院規定標準之教育、文化、公益、慈善、宗教團體及祭祀公業之財產 ・扶養義務人為受扶養人支付之生活費、教育費及醫藥費 ・作農業使用之農業用地及其地上農作物，贈與《民法》第 1138 條所定繼承人者，不計入其土地及地上農作物價值之全數。受贈人自受贈之日起五年內，未將該土地繼續作農業使用且未在有關機關所令期限內恢復作農業使用，或雖在有關機關所令期限內已恢復作農業使用而再有未作農業使用情事者，應追繳應納稅賦。但如因該受贈人死亡、該受贈土地被徵收或依法變更為非農業用地者，不在此限。 ・配偶相互贈與之財產 ・父母於子女婚嫁時所贈與之財物，總金額不超過 100 萬元。
免稅額	財政部公告	每人每年 244 萬元
扣除額	施行細則第 19 條	土地增值稅、契稅
	21 條	附有負擔贈與

資料來源：https://www.etax.nat.gov.tw/etwmain/tax-info/understanding/tax-saving-manual/national/estate-and-gift-tax/Zk0M2Ba
製表：李雪雯

Chapter 4

實務規劃1:「財」、「產」必須分開看待

- 資產規劃的四大心態、技巧與關鍵點
- 資產移轉的六種高效策略

資產規劃的四大心態、技巧與關鍵點

資產移轉最主要的目的就是要將擁有財產者，終其一生努力、打拚後的成果（財產），按照他的預期來交付給想要託付的人。然而世界上的資產種類眾多，各有特色及限制。所以在實際規劃時所選擇的策略與工具，可能就有蠻大的差異。

有人曾將「財產移轉」中的兩個字—「財」與「產」分開來看。其中的「財」，是指不動產、動產、股票、現金等有價值的資產；「產」則是指事業經營權，以及相關的產業投資事業等。個人認為這樣的比喻既可鮮活地區分「財」與「產」的特性，同時也突顯了移轉規劃在使用工具上的差異。

但是在實際了解不同資產移轉策略、工具（方法）之前，擁有資產的人得先了解並思考、釐清自己的財產種類、金額多寡，以及內心真正的需求與特別在意的想法後，才能與專業的財務顧問們溝通討論，擬定出最適合自己的資產規劃並付諸實行。接著，還需要在一段時間後（例如一段時間、個人或家庭重大事件發生，或是政府相關法規修改），進行滾動式的檢討及修正，請見（圖4-1）。

以下各節，則依序是規劃者必須思考（問自己的問題），以及應該了解的重點（策略與工具、方法）。

圖 4-1 資產規劃流程

盤點	盤點現有資產種類與金額
分析	釐清自己的想法與需求
討論	與專業財務專家討論
定案與執行	反覆討論後定案並執行
討論與修正	一段時間，或是法令修改時，針對既有方案，進行檢討與修正

繪圖：李雪雯

How much？資產規模，決定移轉規劃範圍

首先，假設一般大眾的資產少，相對來說就幾乎不用考慮「節稅」，甚至是「預留稅源」的問題。舉例來說，假設像大多數人一樣，身家財產就只有一間市價 3,000 萬元的老房子。由於遺產稅在計算不動產價值上，是依照遠低於市價（約五、六成左右）的「公告現值（土地）」與「房屋評定現值（房屋）」；且其免稅額，也就是有 1,333 萬元，幾乎等於「不用繳」或「繳非常少」的遺產稅。

當事人其實就只要考慮「在沒有任何後遺症（不違反法律規定，或是造成子女爭論）的前提下，將財產按自己的想法進行分配」？如果民眾的資產非常多且多元，那麼移轉規劃所要考量的範圍就會非常廣，而這些變數之間，也會交互影響當事人的最後決定（請見圖 4-2）。

圖 4-2 總資產多寡在移轉規劃上的考量

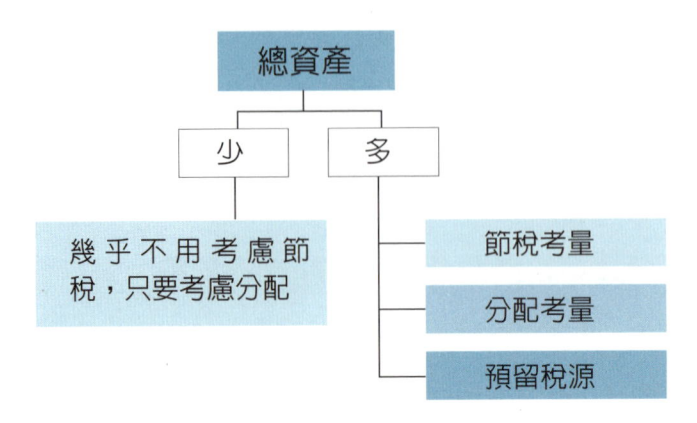

```
            總資產
           /    \
          少     多
          |      ├── 節稅考量
  幾乎不用考慮節    ├── 分配考量
  稅，只要考慮分配   └── 預留稅源
```

繪圖：李雪雯

Who？不同族群的資產移轉需求，差異甚大

說到資產移轉三核心中的「人」，雖說「一樣米，養百種人」，每個人或家庭狀況及需求不可能完全相同。但根據專家們的建議，可參考以下不同族群的不同需求，做為資產移轉規劃前的參考（請見圖 4-3）。

1．單身族：

單身族最需考慮的是，如何兼顧自己未來的退休安養，以及財產歸屬的問題。其原因主要在於《民法》繼承篇裡，有關於繼承順位的規定。也就是說，單身族如果想把自己的財產留給特定之人（不論是自己的兄弟姐妹，或是願意照顧自己下半生，但非血緣關係的朋友），那就必須及早依照自己的心願去做規劃。

2．單親族：

單親族在資產移轉規劃時，最優先要考慮的一是「照顧自己」，另外就是「後代有沒有辦法獲得一筆基本的財力，未來可以有更好的發展機會」。特別是子女若尚未成年，或是因為身心障礙，而被監護或輔助宣告的子女，亦可透過信託設定適合的條件，藉以控管及保護遺產（做為學費、創業及照顧費），避免揮霍殆盡或被他人挪用。

圖 4-3 不同族群的資產移轉需求不同

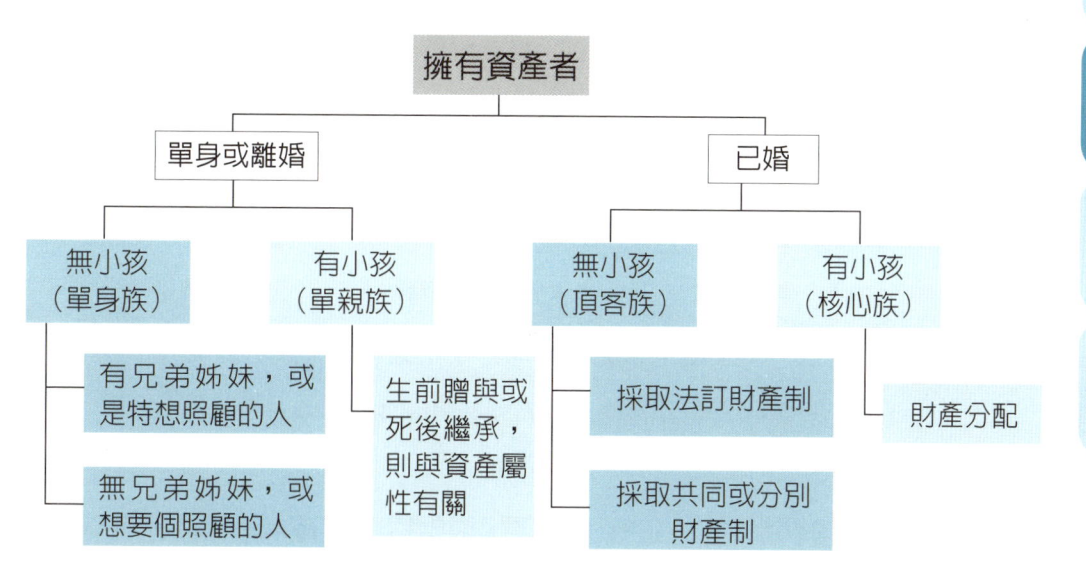

```
                    擁有資產者
              ┌──────────┴──────────┐
          單身或離婚                    已婚
        ┌─────┴─────┐            ┌─────┴─────┐
      無小孩        有小孩         無小孩        有小孩
     （單身族）    （單親族）     （頂客族）    （核心族）
      ┌─┴─┐           │         ┌─┴─┐           │
  有兄弟姊妹，    生前贈與或   採取法訂財產制   財產分配
  或是特想照顧    死後繼承，
  的人           則與資產屬    採取共同或分別
                性有關        財產制
  無兄弟姊妹，
  或想要個照顧
  的人
```

資料來源：以諾理財規劃顧問公司總經理李鳳蘭
繪圖：李雪雯

3・頂客族：

儘管夫妻兩人都有收入，但其最大風險可能在於：假設一方先離世，二人過去共同努力所創造的財富，可能會被另一半的家人（父母或兄弟姐妹）「拿走（一起分）」。

4・核心族：

核心族（一對夫妻，再加至少一位小孩）主要考慮的會是「分配」問題，特別是子女超過一人以上時，通常就會有「公平分配」的問題。而且有時候，父母根本就不想平均分配，而是想多分一點財產給某一位子女，或是根本不給某一位子女繼承。

What？考量或最在意之處，常會影響選擇工具及方法

幾乎毫無例外，只要提到「資產移轉」這四個字，一般大眾最先想到或在意的都與「節稅」兩字有關。但是從全方位專業顧問的角度來看，完稅是第一個階段，完稅後而且完稅後的繼承分配才是大重點，很多爭產就是這樣來的。

由於「完稅」只是資產傳承的第一個階段，之後的重頭戲是「分配」。所以，假設繼承分配這個部分沒做到，第一關可能就會卡在那裡，可能會造成很大的負面影響（請見圖 4-4）。

When？時間的「急迫性」關乎生前贈與或死後繼承？

事實上，時間的急迫與否也會影響到資產移轉時，適合用什麼策略或工具？

圖 4-4 不同的需求考量，會影響資產移轉工具或方式

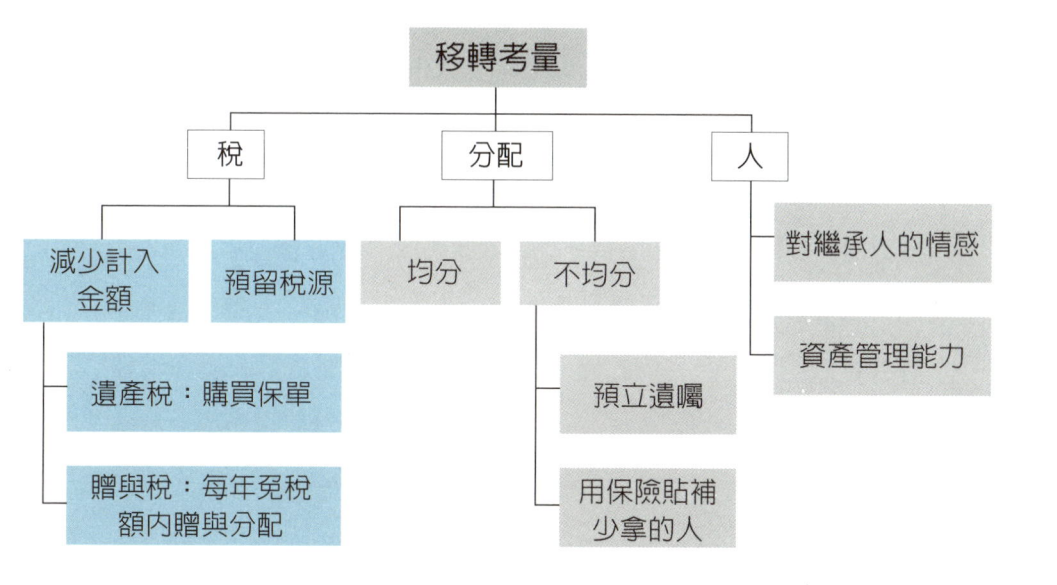

```
                          移轉考量
              ┌──────────────┼──────────────┐
              稅            分配             人
         ┌────┴────┐    ┌────┴────┐    ┌─────┴─────┐
       減少計入   預留稅源   均分      不均分      對繼承人的情感
       金額                              │
         │                           預立遺囑      資產管理能力
    遺產稅：購買保單                     │
         │                          用保險貼補
    贈與稅：每年免稅                   少拿的人
    額內贈與分配
```

資料來源：全資產規劃應用公司負責人劉育誠
繪圖：李雪雯

舉例來說，假設可以進行處理的時間還長，雖然贈與稅的免稅額不高，但還是可以透過分年贈與的方式，達到好似「螞蟻搬象」般的節稅效果。特別是對於像不動產這樣金額異常龐大的資產來說，能夠進行處理的時間只要還很充裕，通常就比較「適合」採用生前贈與的方式。

我這裡用「適合」二字，主因是世事無絕對，單一方法或工具不可能一體適用於所有人及所有狀況。

舉例來說，國稅局在實質課稅方面，對於「重病投保」這件事

異常敏感，再加上「被繼承人死前二年贈與，必須計入其遺產總額中計算」的規定，所以就算擁有財產的人，想要突破《民法》特留分的限制，將大部分的財產都移轉給自己的最愛，卻往往已不適合採用單純的「生前贈與」了。

又例如，有些人生前不太願意轉資產，因為他想要擁有 100% 的控制權。然而實際上，資產移轉的時間點，不是在擁有者「生前」就是「死後」。但就算移轉是在生前，也並不是沒有其他工具，能讓擁有資產的人「保有控制權」，其中像「信託」就是一個非常好的工具。

再例如，生前分年贈與不動產，雖可發揮不錯的節（遺產）稅效果，但由於不動產在計算時，是採取極為壓縮的方式（土地及房屋，都是按遠低於市價的公告現值，與房屋評定價值計算），加上不動產若採用「死後繼承」，又有「不課土地增值稅」，以及「依舊適用房地合一舊制」的優點。

所以可以這麼說，「時間的急迫與否」是在進行資產移轉規劃時的重要關鍵之一，但它並不是一刀切式的非「生前贈與」，或是「死後繼承」的結論，詳情可見（圖 4-5、表 4-1）。

（表 4-1）是個人彙整各位專家的意見，所整理出來的資產規劃簡單檢核表，有需要的讀者，可以自行試算及思考，有關資產移轉的策略、工具、方法，以及不同資產的特性與搭配組合。最後，再找一位專業且信賴的專業顧問，並與其進行更深入的討論及對談，才好更進一步擬定出最佳，且確實可行的資產移轉方案，詳情可見（表 4-2）。

圖 4-5 時間急迫與否，決定能使用什麼移轉方式？

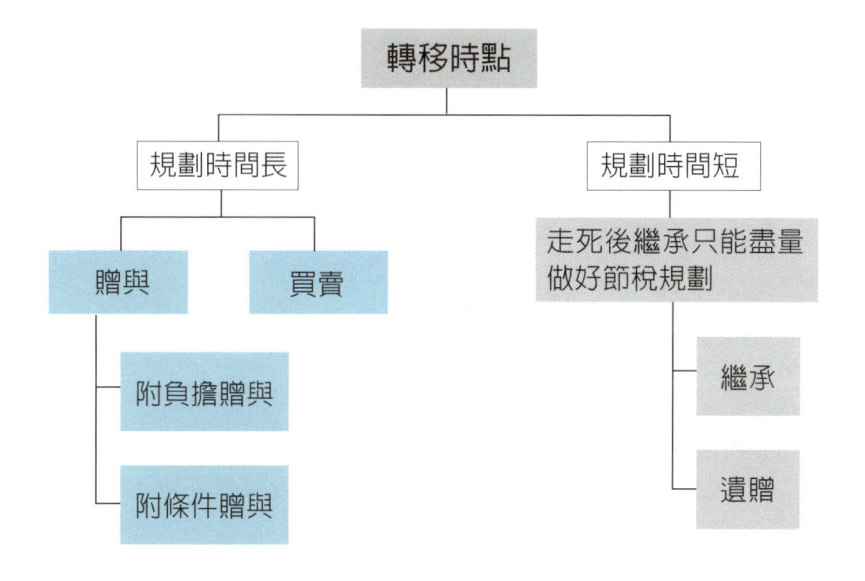

```
                        轉移時點
              ┌────────────┴────────────┐
          規劃時間長                 規劃時間短
         ┌────┴────┐          走死後繼承只能盡量
       贈與       買賣            做好節稅規劃
        │                          ┌────┤
     ┌──┤                         繼承
   附負擔贈與                       │
     │                            遺贈
   附條件贈與
```

繪圖：李雪雯

表 4-1 「生前贈與」與「死後繼承」的比較

	生前贈與	死後繼承
舉例	父母贈與子女、夫妻間互贈	一般繼承、遺贈
可能稅負	贈與稅	遺產稅
對財產的控制權	無	有
適合資產	金額小的資產	金額大的資產

資料來源、製表：李雪雯

表 4-2 資產規劃簡單檢核表

考量需求	細部考量
分配	能否公平分配？
情感	特別想照顧某個人？
財產控制權	生前控制權？身後控制權？
接受者	接收資產者，對於財產或企業經營的管理能力？
公益或其他	留給公益慈善團體，或是自己心愛的寵物？
節稅	稅金有多少？繼承人有沒有能力繳稅？
移轉急迫性	年齡多大？身體健康與否？
策略及工具	對各種策略的適合度，以及移轉工具熟悉度

資料來源、製表：李雪雯

資產多寡	資產種類
計算出的資產總額有多少？ ・贈與稅免稅額：每一位贈與人每年 244 萬元 ・遺產稅免稅額：1,333 萬元、扣除額：配偶 553 萬元、直系卑親屬每人 56 萬元（未成年按距離成年年數計算）、父母每人 138 萬元、喪葬費 138 萬元等。	・現金 ・有價證券（有經營權、無經營權） ・不動產（適用新制或舊制） ・其他

資產移轉的六種高效策略

綜合市場上多位專業財務專家的說法，可以歸納整理出：移轉、壓縮、遞延、凍結、分散、集中等種確實可行的資產移轉策略。以上這六種資產移轉的策略，各有好幾種方法及工具，且都有其優點及缺點，以及最佳的運用時機。一般來說，當資產金額及複雜程度越高時，可搭配運用的工具也會越多。

1・壓縮（Downsize）：高法定價值資產→低法定價值資產

所謂的「壓縮」策略，就是將「高法定價值」資產，轉為「低法定價值」資產。目前擁有「低法定價值」的資產，就是國人最愛持有的資產─不動產。

其中的原因便在於：不動產的「法定價值」，主要是「房屋」按「評定現值」、「土地」按「公告現值（特別說明：另一個類似的名詞─公告地價，只是為「繳交地價稅」而存在，並不是計算贈與稅或遺產稅的標準）」計算。

以公告現值為例，目前除了法拍地或公設地，是「大於」市價外，其餘都是遠低於市價。且扣除特殊案例外，公告現值約只有市價的五、六成而已。正因為如此，才讓不動產，成為「壓縮」策略中，最重要的標的（工具）之一。特別是沒有建物（房屋）的土地，

或是同地段「公告現值」相同，但市價比附近更貴的三角窗店面，具有更高的「壓縮」效果。

舉例來說，某甲手中有 1 億元的存款。假設做為遺產總額，且免稅額只有 1,333 萬元，那至少要繳 866.7 萬元的遺產稅；但如果用這 1 億元，去買了一間三角店面，那麼，計入遺產總額中的價值，卻可以降到只有 5,000 萬元，遺產稅也只需要繳 366.7 萬元。等於某甲少繳了 500 萬元的遺產稅，但整體資產還可以維持在 1 億元之譜。

又假設某甲用 1 億元存款當本金，再向銀行借 5,000 萬元，去買一個更大的三角窗店面。在三角窗店面「法定價值」為 8,000 萬元、免稅額同樣是 1,333 萬元不變下，某甲要繳的遺產稅，就只剩下 300 萬元了（8,000 萬元 –5,000 萬元負債 –1,333 萬元免稅額 ＝ 1,667 萬元 ×10% 稅率 ＝ 166.7 萬元）。

不過，以上舉例值得再三提醒的是：儘管這種方法，可以節省更多的稅，但也有「被國稅局認定為『虛增負債』」的風險，民眾不可不慎。

除了不動產之外，過去有些「未上市櫃公司股票（專指「為節稅目的」而設立的「投資公司」）」的「市價」，因為遠大於「淨值」，也常被民眾用來「壓縮」資產價值，順勢成為一種極為好用的節稅工具。但是在「大法官解釋釋字第 536 號」出爐之後，這種為節稅而存在的投資公司淨值，在經國稅局重估之後，因為已遠遠大於市價，故而也失去其原本優質的「壓縮」功能。

2. 移轉壓縮（Transfer）：應稅資產→免稅資產

所謂的「移轉」策略就是：把原本的「應稅資產」轉成「免稅資產」。如果單從「免稅」的角度來看，國內目前屬於「免稅」的資產，只有「農地」、「公共設施保留地（簡稱「公設地」）」、「保單」，以及「設立財團法人（基金會）或公益信託」四種。

首先在農地及公設地方面，兩者至少有遺產稅（可參考《遺產及贈與稅法》第17條、《都市計畫法》第50-1條）、贈與稅（可參考《遺產及贈與稅法》第20條、《都市計畫法》第50-1條）、土地增值稅（可參考《土地稅法》第39-2條）等3大項免稅優點。

所以，農地與公設地除了能夠大幅壓縮資產的「法定價值」外，還有機會能將資產金額壓縮至零（免稅），詳情可見（表4-3、表4-4）。

表4-3 有關農地的免稅項目及條件

	免稅條件	相關法條
地價稅	平時農用不用繳（因田賦已停徵）	《土地稅法》第22條
土增稅	移轉時申請不課徵	《土地稅法》第39-2條
贈與稅	贈與《民法》所定繼承人，可不計入贈與總額	《遺產及贈與稅法》第20條第五款
遺產稅	農用農地全數列入扣除額中	《遺產及贈與稅法》第17條第六款
房地合一新制	免納所得額	《所得稅法》第4-5條第一項第二款

資料來源、製表：李雪雯

表 4-4 有關公設地[1]的免稅項目及條件

	免稅條件	相關法條
地價稅	持有，但未做任何使用	《土地稅法》第 19 條
土增稅	被徵收時	《土地稅法》第 39 條
贈與稅	因繼承或因配偶、直系血親間的贈與而移轉	《都市計畫法》第 50-1 條
遺產稅		

資料來源、製表：李雪雯

其次，由於「指定受益人的人壽保險理賠金額，不計入遺產總額項目」，所以一直以來，保險都被許多專家認定為，是將「應稅資產」轉為「免稅資產」的最佳工具。當然，保單的優點不只是「指定受益人的保險理賠金，不計入遺產總額中」這麼簡單。它還因為「現金理賠、給付快速」的優點，同時擁有「預留稅源」的好處（詳見「第五章」的「工具」），詳情可見（表 4-5）。

表 4-5 有關保單的免稅項目及條件

	免稅條件	相關法條
遺產稅	有指定受益人的「人壽保險」理賠金，不計入遺產總額中計算。	《遺贈稅法》第 16 條第九款 《保險法》第 112 條 《保險法》第 113 條

資料來源、製表：李雪雯

最後一個「移轉」策略工具，是有錢人常用的（財團法人）基金會與公益信託。一直以來，企業大股東藉由成立（財團法人）基金會及公益信託，也是國內常見的一種傳承工具。除了（財團法人）基金會及公益信託本身，就已免營利事業所得稅外。如果將遺產捐

入其中，還有「免遺產稅及贈與稅」、「可列入所得稅扣除額」，以及「部分免徵土地增值稅」等優勢。

更重要的是，這些成立（財團法人）基金會或公益信託的公司，除了能獲得公益慈善的美名之外，甚至會讓（財團法人）基金會，回過頭來持有自家企業的股票。在某些條件上，（財團法人）基金會所獲配的投資所得又可免稅，所以過去有不少財團家族，都會選擇用以上這兩種方式來進行節稅規畫，詳情可見（表 4-6、表 4-7、表 4-8）。

但值得注意的是，以下 4 種方式（工具）在「免稅」的運用上還是有蠻多的限制。從（表 4-6、表 4-7、表 4-8）中，讀者便可清楚看出：刻意用農地或公設地 [1] 來節稅，其實存在著蠻多「陷阱」，值得使用者特別留意，詳情可見（表 4-9）。

以農地為例，假設未進行「農用」，相關稅負的優惠就會喪失，例如依《遺產及贈與稅法》規定，農地承受人自承受當天起 5 年內，未將該土地繼續作農業使用，將會被國稅局要求補徵稅負。

表 4-6 有關（財團法人）基金會與公益信託的免稅項目及條件

	免稅條件	相關法條
所得稅	個人及營利事業成立、捐贈或加入符合第四條之三各款規定之公益信託之財產，免所得稅。	《所得稅法》第 6-1 條、17 條及第 36 條
遺產稅	捐贈給依法登記為財團法人組織且符合行政院規定標準的教育、文化、公益、慈善、宗教團體及祭祀公業的財產，可不計入遺產總額。	《遺產及贈與稅法》第 16-1 條、第 20 條
贈與稅	因委託人提供財產成立、捐贈或加入符合第 16-1 條各款規定之公益信託，受益人得享有信託利益之權利，不計入贈與總額。	《遺產及贈與稅法》第 20-1 條

資料來源、製表：李雪雯

表 4-7 公益信託所享有的稅賦減免

名目	內容
遺產稅與贈與稅	・捐贈或加入被繼承人死亡時，已成立的公益信託，可不計入被繼承人的遺產總額。 ・提供財產成立、捐贈，或加入公益信託，可不計入贈與總額。
所得稅	個人及營利事業成立、捐贈，或加入公益信託，可做為捐贈扣除額。
房屋稅	公益信託所有的房屋，如果提供公益信託直接使用時，可免繳房屋稅。

資料來源：信託公會（https：／／www.trust.org.tw／tw／special／view／1）
製表：李雪雯

表 4-8 公益信託、基金會與協會的差異比較

	公益信託
形式	信託帳（專）戶
目的	公共利益
直接提供服務	多數無，只單純給錢，再由申請贊助的團體提供。
節稅效果	可扣抵個人綜合所得 20%
法源	《信託法》
設立程序	目的事業主管機關許可，不須向法院登記。
設置監察人	必須設立信託監察人
受益對象	不特定
財產所有權者	受託人
財產所有權動用難易度	因為受託人有資格限制，獨立財產權，需要得到監察人的同意，才能動用資金。
成立資金	集合大眾的小額資金成立信託，日後也可以追加信託本金。
資金運用範圍	可動用本金及孳息
執行事務規範	在「善良管理人」、「分別管理」及「忠實義務」方面，《信託法》都有限制性的規定（《信託法》第 22、24、25、34、35 條）。
行政監督	受託人必須每年至少一次，將信託事務處理情形及財務狀況，報請主管機關核備及公告（《信託法》第 72 條）。
設有支薪行政人員	無，庶務都委由諮詢委員會處理。
諮詢委員會或董事資格（條件）	委託人、受託人及信託監察人配偶、三等親以內的血親，或二等親以內的姻親，不得超過現有委員會人數的 1 / 3。
剩餘財產歸屬	各級政府、公益法人或公益信託

資料提供：威瑞財富管理顧問公司董事長陳慶榮
製表：李雪雯

	基金會
	法人組織
	公共利益
	同時提供金錢及勞務
	可扣抵個人綜合所得 20%
	《民法》
	目的事業主管機關許可，但須向法院登記。
	設立監察人非必要
	不特定
	財團法人
因為董事無資格限制，只要控制董事會，就等於控制基金會，易受不肖人士濫用。	
委託人捐贈單筆金額成立基金會（基本上是 3,000 萬元以上），日後也接受大眾捐贈。	
只能動用孳息	
《民法》並沒有相關限制性的規定，但有「組織章程」做為執行事務之準據。	
	無
	有支薪行政人員
主要捐贈人、配偶及三等親以內的親屬，擔任董監事人數，不得超過全體董監事人數 1／3。	
	各級政府

另外，依《土地稅法》的規定，土地增值稅的土地承受人，如果在具有土地所有權的期間內，被查獲未作農業使用，未來再移轉時，就要課徵土地增值稅。而且，如果按照各縣市主管機關所發佈的新都市計畫：在繼承之前，該農業用地的地目就已變更為非農業用地，屆時也將無法適用免稅的規定。

更重要的是，不論是農地或公設地的價格之所以會遠低於市價，一來是因為它的免稅限制特多；二來則是其「變現性差」。過去會買農地或公設地的人，除了「節稅」的考量外，還會特別在意其「地目變更」。只不過，新的「國土規劃」即將推出之後，有些農地很有可能會因此「永遠無法變更」。那麼，購買者的「地目變更」美夢恐將成空。

其次以保單為例，儘管保單具有「免稅」的效果，但仍有不能免稅的前提（非人壽保險、最低稅負制），以及被實質課稅的風險（相關內容請見「第五章、實務規劃2：資產轉移的工具、方法」）。

再者，以（財團法人）基金會或公益信託為例，由於過往有太多「假公益、真避稅」的案例，相關法令的規範已經越趨嚴格，降低其原本可以合法節稅的不少空間。

表 4-9 用農地、公設地或保單節稅的陷阱

	節稅陷阱
農地	・變現性差、未來還有可能永遠無法變更 ・「免遺、贈稅」的農地，必須列管 5 年（《遺贈稅法》第 17、20 條）。 ・申請不課徵土增稅，並不等於免稅，只是「延後繳」（指「非做農用時」）。 ・農地非農用，就不得享有各項免稅優惠。
公設地	・變現性差 ・可能買錯（買到的是非《都市計畫法》所定義的公共設施保留地，可能只是既成巷道） ・用在實務抵繳上有限制（請見第三章）
保單	國稅局針對保單，有 8 大實質課稅樣態進行查核。
基金會或公益信託	・財團法人訂有權責、不可支薪、關係人的比例不能超過 1 / 3 等規定，不得出現「委任人本人或家屬擔任監察人」的問題。 ・基金會或公益信託解散後的財產，基金會歸地方政府所有，公益信託歸地方自治團體。 ・未來法規上，對於透過基金會或公益信託「假公益、真避稅」的限制，將會越來越嚴。

資料來源、製表：李雪雯

3・分散（Diversification）：高邊際稅率→低邊際稅率

所謂的「分散」策略，就是將資產由「高邊際稅率」轉到「低邊際稅率」，其中最具代表性的工具或方法，就是「分年贈與」、「行使夫妻剩餘財產差額分配請求權」，甚至是將國內高課稅資產，移往國外低稅率國家（例如購買境外保單）。

首先在「分年贈與」方面，依現行遺贈稅法規定，夫妻間相互贈與「免稅」，父母每人每年有 244 萬元的贈與免稅額。此外，子

女婿嫁時，還可再享有「父母各100萬元」的贈與免稅額度。

其次在「夫妻剩餘財產差額分配請求權」方面，相當知名的案例就是王永慶遺產稅課稅一事。當年，王永慶名下國內遺產淨額高達600億元。但是，大房—王郭月蘭先是申請夫妻剩餘財產差額分配請求權，也就是一半的300億元。之後總共分了4份（各67.5億元），兩份隔代贈與給王文洋的女兒，另2份，則分別給了二房（楊嬌）及三房（李寶珠）。想當年，那時的遺產稅最高稅率還有50%，這一申請之下，便少繳了將近150億元的遺產稅。

值得注意的是，配偶的剩餘財產差額分配請求權和繼承權，其實是兩種不同的權利，因此配偶在主張完此權利之後，仍然可與子女共同享有繼承權。所以，假設是沒有小孩的頂客族，仍然生存的配偶，如果不想分給過世另一半的家人太多，也可以先主張此一權利。

再者，我個人想在此談談另一種游走在法律邊緣的「將資產移往境外節稅」的方法，儘管只要是「死亡前2年具有中華民國國籍」，同時「經常居住在中華民國境內（有「住所」；或是沒有住所但有「居所」，且一年在境內所待時間合計超過365天）」，其遺產稅課稅範圍及於「境內」及「境外」的所有遺產。只是因為有時因查核上的困難，國人境外財產，很難被國稅局清楚掌握。

如此一來，便有許多高資產客戶，便透過一些管道，將國內「少用到的資產」移往海外（主要是一些低稅率的免稅天堂），或是購買境外保單。然而個人根據綜合多方專家經驗的看法是：「移到境

外」其實存有以下幾大風險：首先，很多人錢是移往國外沒錯，且也做的非常隱密。只不過正是因為資產儲藏得非常隱密，可能會連家人都不知道。所以當被繼承人過世後，其家人也無從得知這些資產的下落。如此一來，這筆錢雖然少繳了國內的稅，卻也等於是「一筆原本可拿到的遺產『不見了』」。

其次，目前國內已經與世界上許多國家，簽立了相關的賦稅協定。國人未來想要透過此法將錢「藏往海外」，恐怕只是會「越來越困難」。

再者，就算國稅局查不到這筆海外的資產，但家人卻可以完全掌握。然而，除非繼承人永遠不把錢匯回台灣。否則，當這一大筆錢匯回國內時，還是有被課到稅的風險（例如：冒然從國外匯回台灣，國稅局可能追查錢的來源，再根據查得的資料，核課如遺產稅、海外基本所得，或其他相關的欠稅，也有可能涉及《洗錢防制法》的適用）。

最後，關於國人愛買的境外保單，由於聽過太多的購買糾紛，例如銷售的業務員收了保費，卻沒有真正為客戶投保境外保單。所以，我個人真的不建議輕易採用。理由很簡單，雖然境外保單的預定利率比新台幣保單要高，但境外保單在國內既無合法銷售管道，又欠缺完整的售後服務，若真有節稅上的考量，可以選擇的合法工具或方式實在很多，一般大眾又何必冒著極大的風險，就只為了省那一點點的稅？

4・凍結（Freeze）：固定第一代→膨脹第二代（提早贈與）

簡單來說，有關「凍結」策略的最主要核心便是：第一代少拿，讓第二代或第三代多拿。而藉由分段移轉財產的方式，一方面可以減少個人名下財產的金額，進而發揮「降低個人遺產稅負」的優點，另一方面，也能增加第二代可運用的資產，最常見的做法就是「生前（分年）贈與」、「隔代贈與」，甚至是成立他益信託，或是「部分自益、部分他益」的有價證券信託。

以生前贈與為例，其好處是：可以透過「分年（分次）」的方式，將第一代的資產，先移轉給第二代。如此一來便能夠降低第一代的「遺產總額」，達到「避免被課（較高額）遺產稅」的效果。

最近幾年，有關「隔代贈與」最知名的案例，就是王永慶遺產600億元，由其合法配偶—王郭月蘭先拿一半（夫妻剩餘財產差額分配）。之後再將剩下的300億元分成四份：一份給二房楊嬌、一份給三房李寶珠，最後兩份則是直接贈與給王文洋的女兒。

然而，由於生前贈與會有「喪失控制權」，以及「兩年內贈與，必須計入遺產中計算（《遺贈稅法》第15條）」的問題，所以特別是中小企業主們，想利用此一策略節稅時，為了避免「喪失公司控制權」，通常可以藉由搭配「成立投資（控股）公司」，或是「成立信託」的方式（相關內容請見「第五章、實務規劃2：資產轉移的工具、方法」）。

透過信託，將資產「凍結」的好處之一，便是讓接收資產的下一代，能逐漸培養出「管理大筆資產」的能力。有關這部分，最有

名的精典案例就是 2008 年因癌症病逝的香港著名主持人沈殿霞，因為擔心女兒年紀太小，一下子接受這麼一大筆財產之後會不知如何管理，抑或是被有心人詐騙，進而才以自己作為委託人，女兒鄭欣宜為受益人，並指定鄭少秋和她信任的友人為監察人，成立一個遺囑信託。其設計內容是：信託每月撥出 2 萬港元，做為鄭欣宜的生活費，直到她滿 35 歲時，才可以動用剩餘的全部遺產。

另一個充分利用信託特性的例子，則是香港藝人梅艷芳，她在病逝前留下一份遺囑，將其近億元港幣的遺產轉移到信託公司，而不是交給她已屆 80 歲高齡，但嗜賭如命、揮霍無度的母親，以便讓梅媽媽得以安享晚年。

除此之外，信託也有一定的「節稅」優惠。儘管所有的他益信託都很難有節稅空間，但唯一例外的，就是「本金自益、孳息他益」的有價證券信託。特別是過去一段時期，由於利率長期處於低檔，一些上市櫃公司股東因為股利收入多，再加上薪資所得不低，便會透過「本金自益（以便握有股權的控制權）、孳息他益（降低個人所得）」的有價證券信託，讓自己少繳一些所得稅。

這是因為資產所有權人，可以透過「本金自益、孳息他益」的信託方式，將個人名下財產所衍生出來的孳息，移轉給第二代，以「凍結」固定個人資產計稅的金額。如此一來，可以避免本金配發的孳息，膨脹了有價證券持有個人的總財產金額，進而逐年增加稅負的風險（因為遺產淨額增加）。

5・遞延（Deferral）：現在要課的稅→未來再課稅

所謂的「遞延」策略，就是將現在要繳的稅，延後一段時間再繳。過去最知名的節稅方式，首先就是成立投資（控股）公司，優點之一是：只要投資（控股）公司不分配股利，大股東就沒有股利所得要課稅（目前，分離課稅的邊際稅率是28%）；其二則是，只要每多成立一家投資公司，就可以晚一年再課稅。

只不過近年來，在國稅局加緊實質課稅查核（主要是透過股票的淨值「重估」），以及課徵「未分配盈餘稅」之下，這種成立「投資（控股）公司」的模式，已無太多的節稅空間。

其次，申請「夫妻剩餘財產差額分配請求權」雖屬「分散」策略之一，但也可以算是一種「遞延」策略。因為當配偶的遺產金額過於龐大時，若另一半先申請此一權利，則無異於是讓身故配偶的部分遺產「遞延」課徵。

再者，透過繼承方式移轉不動產而「免徵土增稅」，也算是一種「遞延」策略的變化運用，只是使用時，繼承人必須注意適用「房地合一」新制後的不利後遺症（詳見「第六章、資產 vs. 工具的完美搭配」內容）。

最後一個「遞延」策略的工具，則是還蠻常見的「隔代繼承」，也就是第一代將資產，直接交由第三代，而非第二代來繼承。這是因為在大多數自然且正常的狀況下，繼承人的年齡，都會比被繼承人要年輕。但有時也會發生兩種情形：一是被繼承人年紀輕輕，卻比年長的繼承人提早離世（例如罹患重病）。

還有一種狀況是：被繼承人離世時，繼承人的年齡也不小了，例如也已 70、80 歲了，這個時候，有些民眾為了避免重複繳交遺產稅，就會選擇同順位「年長繼承人全部拋棄繼承」，改由更年輕的下一代繼承人繼承遺產。

儘管在這種情況下，拋棄繼承是個不錯的方法。但假設方法不正確或不夠到位，很可能會讓資產移轉的節稅規劃「破功」，甚至發生糾紛。以下，是民眾在採取拋棄繼承時必須注意的兩大重點：

重點 1．第二代要全部「拋棄繼承」，不能只有一位拋棄。

舉例來說，張三的配偶已身故，留有兩位兒子。大兒子有兩位小孩、二兒子有三位小孩。假設大兒子身體健康欠佳，不想自己身故後，小孩還要再繳一次遺產稅。因此，他想藉由拋棄繼承的方式，讓兩個小孩直接繼承阿公的遺產。

但是，假設二兒子不拋棄繼承，合法的順位繼承人共有二兒子，以及大兒子的一子一女。如果張三的遺產有 3,000 萬元。原先大兒子及二兒子，兩人各可分得 1,500 萬元。但如果大兒子拋棄繼承，3,000 萬元的遺產，就全歸二兒子繼承，大兒子的一子、一女將「一毛錢也領不到」。

假設二兒子也拋棄繼承，則第三代總共 5 位子女，平均繼承阿公 3,000 萬元的遺產，也就是「每人可得 600 萬元」。只不過，由於二兒子一家的子孫輩人數較多，總共可分得 1,800 萬元的阿公遺產，詳情可見（圖 4-6）。

重點 2．拋棄繼承後，就不得享有原有的扣除額。

這是因為在《遺產及贈與稅法》第 17 條第一項第一款至第五款，分別就被繼承人的遺屬依親屬別，訂有不同數額的扣除額。以 2025 年發生的繼承案件，遺有配偶者可自遺產中扣除新臺幣（下同）553 萬元、繼承人為成年直系血親卑親屬每人可扣除 56 萬元、遺有父母者則各可扣除 138 萬元；這些人當中如果有重度以上身心障礙者，每人還可加扣 693 萬元。

依照國稅局的說法，以上依親屬別而定的「扣除額」，其目的是為了讓被繼承人的遺孤，獲得適當的生活保障。但是如果有人選擇拋棄繼承權，就不適用其相關扣除額的規定。

以上簡單來說，也許拋棄繼承的人會覺得「可以少繳一次」遺產稅。但由於少了一項「扣除額」，也許會讓課稅的遺產淨額因此增加，反而有可能「多繳稅」。

6．集中（Centralize）：持股分散→持股集中

集中策略是指：由個人成立一間新公司，並以新公司的名義持有原有公司的股權，而其常見的工具有：「控股公司（投資公司）」、「閉鎖性公司」，甚至是「家族辦公室」等。

持有未上市櫃股票，除了有機會享受「壓縮」財產課稅價值的優點外，成立經特殊設計的投資（控股）或閉鎖性股份有限公司（簡稱「閉鎖性公司」），甚至是國人常聽到的家族辦公室，都可以將家族財富進行集中管理，也是歐美等先進國家企業，常會使用的家族財富傳承模式（詳細的做法，請見第五章的「閉鎖性公司」）。

圖 4-6 拋棄繼承的差異

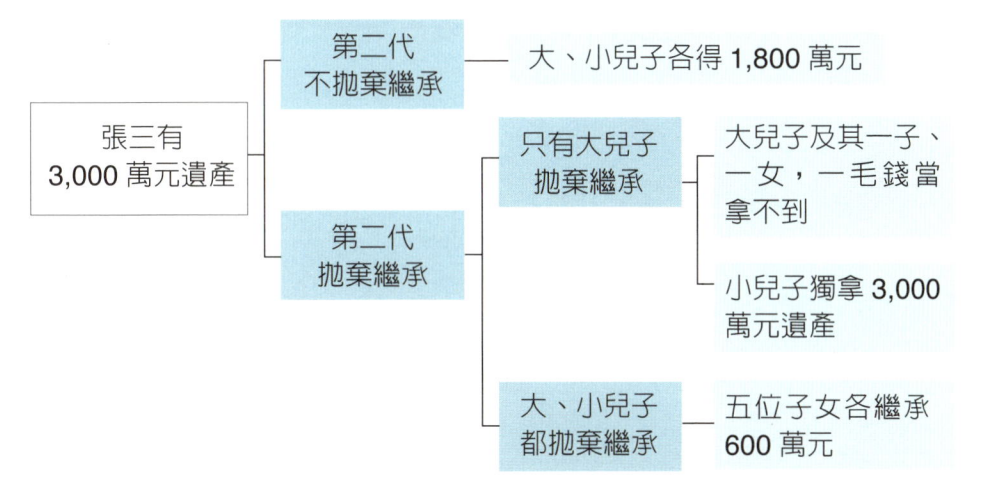

```
                    ┌─ 第二代不拋棄繼承 ─── 大、小兒子各得 1,800 萬元
                    │
張三有              │                    ┌─ 大兒子及其一子、一女，一毛錢當拿不到
3,000 萬元遺產 ─────┤   ┌─ 只有大兒子 ──┤
                    │   │   拋棄繼承     └─ 小兒子獨拿 3,000 萬元遺產
                    └─ 第二代拋棄繼承 ──┤
                        │
                        └─ 大、小兒子都拋棄繼承 ─── 五位子女各繼承 600 萬元
```

資料來源、繪圖：李雪雯

以上，為大家介紹資產移轉最常用的 6 種策略。但事實上，每種策略都可以用不同的工具及方法達成目標（請見表 4-10、表 4-11）。我會在接下來的章節中依序介紹。

表 4-10 不同資產，適合不同的方法

	移轉	壓縮	遞延	凍結	分散	集中
現金	✓（買保單）		✓	✓	✓	
不動產	✓	✓	✓	✓	✓	
上市櫃及興櫃股票		✓	✓	✓	✓	
未上市櫃股票		✓	✓	✓	✓	✓
基金、ETF		✓	✓	✓	✓	

說明：以上所謂「適合」，只是一般性原則，特殊情形個案可能不一定適用

資料來源、製表：李雪雯

表 4-11 六種資產移轉策略重點

策略	做法重點	常見可用工具
分散	高邊際稅率→低邊際稅率	分年贈與、夫妻剩餘財產差額分配請求權、資產移往境外不易查到的免稅天堂進行投資
移轉	應稅資產→免稅資產	買保險、農地或公設地、成立財團法人（基金會）或公益信託、夫妻互贈免贈與稅
壓縮	高法定價值→低法定價值	購買依照公告現值課稅的不動產、農用農地或公設地、「本金自益、孳息他益」的有價證券信託
凍結	固定第一代→膨脹第二代（提早贈與）	生前贈與、隔代贈與
集中	將股權集中進行管理及運用	控股公司、閉鎖性公司、家族辦公室
遞延	現在繳稅→未來繳稅	隔代繼承、成立控股（投資）公司

資料來源、製表：李雪雯

---

1. 公設地是指，依《都市計畫法》，為公共設施用地，留待政府徵收使用的土地。

Chapter 5

實務規劃2：資產轉移的工具、方法

・工具1 生前贈與
・工具2 遺囑
・工具3 保險
・工具4 信託
・工具5 夫妻剩餘財產差額分配請求權
・工具6 投資（控股）公司
・工具7 閉鎖性股份有限公司

一、生前贈與

一般來說，如果事先完全沒有任何規劃，等擁有資產的人身故後，一切都是依《民法》第1138條，以及第1140條的規定進行分配。只不過，這種不論感情深淺的法定分配方式，很可能與擁有財產的人本意不符，也可能更無法達到「財富永流傳」的目標。所以，「使用什麼工具或方法」，也是資產傳承規劃中的重要課題。

個人歸納整理非常多專家，曾經推薦過資產移轉工具主要有：分年贈與、遺囑、夫妻剩餘財產差額分配請求權、保險、（財團法人）基金會或公益信託、信託、投資（控股）公司，以及閉鎖性股份有限公司（以下簡稱「閉鎖性公司」）等幾種，如（圖5-1）所示。

根據政府的相關統計，如果將遺產稅及贈與稅分開來看，2006至2023年度遺產稅，是由235.16億元增到368.47億元（增幅56.69%），但贈與稅則由51.77億元，增至250.06億元，增幅卻高達383.02%，且平均每筆徵稅案件的贈與金額，也由原本的292萬元，增加到1,092.3萬元，顯示納稅人透過贈與方式移轉財產，有明顯增加的趨勢。以2006至2023年同期來看，申報案件從18萬8,704件，增至21萬8,387件（增幅為15.73%），但此同時，核定免徵件數也是明顯增加，從16萬5,167件，增至20萬7,619件，25.7%的增幅，更勝整體案件。

圖 5-1 七種資產移轉工具

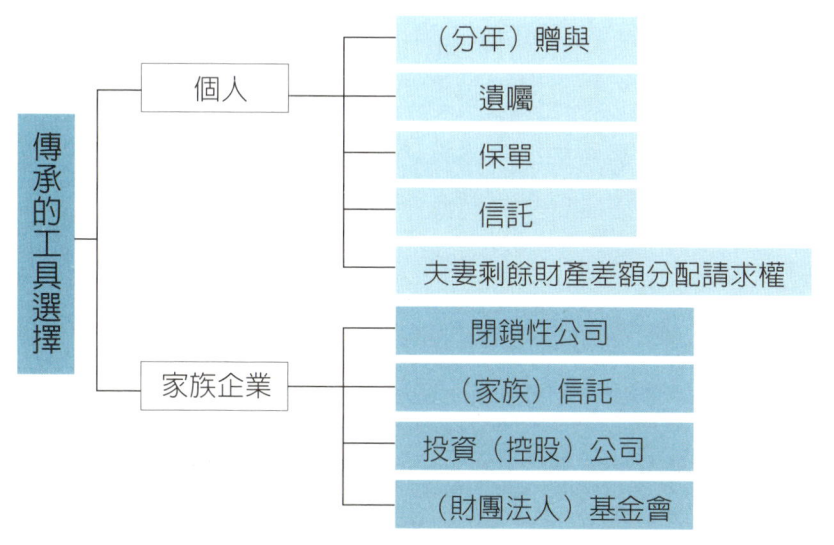

```
                    ┌── （分年）贈與
                    ├── 遺囑
            ┌─ 個人 ─┼── 保單
            │       ├── 信託
傳承的工具選擇 ┤       └── 夫妻剩餘財產差額分配請求權
            │
            │          ┌── 閉鎖性公司
            └─家族企業─┼── （家族）信託
                       ├── 投資（控股）公司
                       └── （財團法人）基金會
```

資料來源、製表：李雪雯

所謂生前贈與，就是在被繼承人還在世時，就先將財產的所有權贈送給他人。值得注意的是，有些父母甚至會在購買不動產的當下，就以子女的名義來登記，而這也是屬於「生前贈與」的一種變化形態。

總的來說，生前贈與之所以成為資產移轉過程當中，一個非常重要的工具之一，最主要是因為具備以下幾大優點：

1．可以不受《民法》中，有關遺產分配的「特留分」限制。

理由是：不管是「應繼分」或「特留分」，都是針對「遺產」而來的規定。也就是說，只要某些資產，「並不屬於」被繼承人身故時的「遺產」時，自然也就不受相關規定的限制。特別是當財富

的擁有者,並不想讓所有繼承人「平均分配」,而想讓某一最愛「獨拿」或「多拿」時,「生前贈與」方式的優點,就會被更加突顯。

值得注意的是:這裡所指的「生前贈與不受《民法》特留分」限制,只限於「一般贈與」。假設是屬於「因結婚、分居或營業」而為的「特種贈與」,或是有一個「贈」字的「遺贈」,全部都會受到「特留分」的限制。

又例如是沒有小孩的夫妻,假設另一半非常不甘願,與另一半的家人,一同平分另一半的遺產,好辦法之一就是在生前,透過「儘早提前贈與」的方式,讓其身後沒有「可分的遺產」。更何況,夫妻間互贈的一大好處就是「免贈與稅」。當然,這種方法也並非毫無缺點,畢竟生死有命,夫妻中的任一人,哪能知道誰會「先走」?

2・提早贈與,可以減少計入遺產中的金額、避免日後課更高的稅。

這是因為贈與稅與遺產稅就是一體兩面,只要擁有較多遺產總額的人,提早在生前分年贈與,自然就能夠降低其死後的遺產總額,進而達到一定的節稅效果。

3・每人每年贈與,還有 244 萬元的免稅空間。

當然,生前贈與雖不課徵,或少課徵遺產稅,但還是得繳贈與稅。只不過依照現行《遺產及贈與稅法》的規定,每位父母每年贈與子女的贈與稅免稅額是 244 萬元(2025 年適用)。

而當「父母於子女婚嫁時所贈與之財物,總金額低於 100 萬元」,也可免贈與稅。所以,聰明的父母假設選擇在子女婚嫁時,

不妨將贈與時間集中在年底及年初,可以享有的「免贈與稅」金額也會越多。

不過,儘管生前贈與有「不受特留分限制」及「降低遺產總額,得以節稅」的優點,但也有一定的缺點。

首先,**就是「喪失對原財產的所有權」**。

因為《民法》第406條規定:「稱贈與者,謂當事人約定,一方以自己之財產無償給與他方,他方允受之契約」。由這定義來看,「贈與」就是只要當事人雙方講好,其中一方願意把屬於自己的財產,「無償移轉(也就是不要對價送給另一方,得到另一方的同意接受)」給對方。這時候,贈與契約便宣告成立。而當擁有資產者在贈與之後,代表對於這筆財產的控制權,也移轉到受贈的人。從這時候開始,原贈與人便喪失了「有權自由處分財產」的權利。

就算贈與人事後反悔,不但所贈送的財產「有可能拿不回來」,之前已繳的贈與稅也無法退還。因為根據國稅局的說明,贈與財產如果已經移轉到受贈人名下,那就只有贈與人才有法定撤銷權,例如《民法》所規定:贈與人意思表示錯誤、被詐欺或脅迫而為之意思表示、附負擔之贈與而受贈人不履行其負擔、受贈人對贈與人有故意侵害之行為,或對贈與人不履行扶養義務等。必須等到撤銷權的事實,經法院調查判決確定,並且回覆所有權者,國稅局才可受理撤回贈與稅的申報,進而退回已繳納的稅款。

其次,**所有財產的贈與,都涉及到贈與稅的問題。且與遺產稅相比,贈與稅負擔仍屬「較高」的水準**。這是因為稅率跳一級的門

檻，只有遺產稅的一半（請見「第三章、法律：與資產移轉有關的法條」內容），所以雖然贈與稅可以透過逐年贈與的方式，增加贈與金額，但相較於遺產稅，假設被繼承人遺有一配偶，可達到共1,886萬元的免稅額（1,333萬元）及扣除額（配偶為553萬元），仍須要分為近8年的方式來分期贈與，才能達到差不多的免稅效果；一旦分年贈與時間拉長，反而不適合移轉時間較為急迫的高齡者。

特別是**金額龐大的資產，像是不動產來說，除非「分年贈與」好幾年，否則，仍可能要繳不少的稅**。舉例來說，就算不動產計算基礎，是依照價格遠低於市價的「土地公告現值（土地）」及「房屋評定標準價值（房子）」，但以目前不動產價格高漲之際，隨便台北市一間市價5,000萬元的房產，其「土地公告現值」及「房屋評定標準價值」的加總，可能還是有2,500萬元這麼多。如此一來，至少也要繳個225.6萬元的贈與稅。

而且，如果贈與的財產是土地，受贈人還要繳納土地增值稅；贈與房屋的受贈人也要繳契稅。更重要的是：未來受贈的這筆不動產在轉賣時，將適用「房地合一稅」新制計算與課稅。儘管贈與不動產時，不動產價值的計算是以土地公告現值，以及房屋評定現值方式來計算，與實際買賣的市價間，尚存一大段差距。

但相對於「繼承」而言，「生前贈與不動產」還需要多負擔一筆土地增值稅。未來獲得這筆不動產的人，如果要進行處分（賣出），就得適用所得稅兩稅合一新制，無法再適用稅負較優惠的舊制計算，且在計算所得利益時，會以受贈時「成本較低」的土地公

告現值，以及房屋評定現值方式計算。如此一來，勢必將產生大額需課稅之收益（因較高的銷售時價，減除非常低的成本）。舉例來說，某董事長贈送兒子市價3億元，但土地公告現值只有1億元的房子。假設兒子在拿到房產之後，以3億元出售，兩稅合一之下的課稅所得頓時變成2億元。一旦兒子是在受贈後2年內賣出，更會被課以45%的重稅。

再者，**死亡前2年的贈與，還是會被列入遺產中課稅**。除了少數特例之外，大多數民眾的資產累積都與其年齡呈「正相關」。也就是說，年齡越大，因為資產累積越多，往往也越有「提早進行移轉規劃」的高度需求。

然而矛盾的是：當擁有資產的高齡者越想透過分年贈與節稅之際，年齡反而可能是一個不定時的規劃風險，這是因為依照《遺產及贈與稅法》的規定，被繼承人死亡前2年內，贈與特定個人（包括配偶、子女及其他法定繼承人等在內）之財產，應於被繼承人死亡時，視為被繼承人之遺產，併入其遺產總額，依法課徵遺產稅（如果應該計入遺產申報而未申報，事後被查到時，會先被課贈與稅，後要補繳遺產稅）。

儘管已經繳納的贈與稅可以扣抵遺產稅，不至於發生「一頭牛，被剝兩層皮」的情形，但假設重新併入已贈與的遺產，會讓遺產總額再跳增一個課稅級距，這無異就是讓原先的節稅規劃「未盡其功」。

特別是當提早贈與的時機，是在「結婚、分居或營業」的「特

種贈與」時，不但贈與的資產要進行「歸扣」，原繳的贈與稅也將不會退還。由此更可以看出，在進行資產移轉規劃時，假設非常在意相關稅負的高低，絕對要提早進行規劃及打算。

最後，**仍需考量「分配」上的公平**。一般來說，就算贈與稅的課稅級距，遠低於遺產稅，但一般民眾會選擇提早贈與，主要不是成本（稅負高低）上的考量，而是從「分配」進行思考。特別是身為父母親的人若「大小眼」，提早贈與資產給某一位子女時，沒拿到這份贈與財產的子女通常會不高興，贈與的父母親或許會有很長一段時間「耳根子不得清淨」。

所以，當父母決定要將一份特別或大筆的財產，交給眾多子女當中的某一位時，恐怕也得特別考量此一做法，是否會讓其他子女覺得「心裡不平衡」？

甚至，其他的繼承人（子女）也可能會在父母過世之後，以「父母是『無償贈與』的方式『借名登記』給某一位子女」的理由，要求這位子女（借名人），應該返這些不動產（借名財產），再由全體繼承人共同繼承及分割（最高法院99年度台上字第1652號民事判決）。

所以總的來說，由於非「特種贈與」之外的生前贈與，並不受「特留分」規定的限制，如果不是在「生前2年內」的贈與，自然也就不會有「必須計入遺產總額中課稅」的問題。所以，假設擁有遺產的人想要把遺產，集中給某一位前順位的法定繼承人，那麼透過「生前贈與」，應該是相對合適的方式。

然而，如果真要考慮其他問題，就算「生前贈與」比較適合，恐怕也得再三思量一番。可以這麼說，除非擁有資產的人已經相當確定，財產要給付的對象，且要贈與的財產對擁有者來說，既不是主要資產，也不是生活所必需的財產，才會考慮用生前贈與的方式，來進行移轉或傳承。

贈與金額未超過免稅額門檻，仍需主動申報

有些民眾會認為：假設贈與金額未超過贈與稅免稅額的 244 萬元，那麼既然不用課稅，也就不用進行贈與稅的申報動作。然而這樣的想法，或許並非完全正確。

因為根據《遺產及贈與稅法》第 24 條第一項的規定：「贈與人在一年內，贈與他人之財產總值，超過贈與稅免稅額者，需於超過免稅額之贈與行為發生後三十日內，辦理贈與稅申報」。

以上看來，似乎沒有「不論贈與金額，有沒有超過免稅額都要申報」的硬性規定。但有些贈與的財產，是需要辦理移轉登記的，像是有價證券及不動產，且地政機關及其他政府機關或公私事業，在辦理贈與財產的產權移轉登記時，都需要依照《遺產及贈與稅法》第 42 條的規定，由受贈人提供稽徵機關核發的贈與稅繳清，或是免稅證明書等，才能為其辦理移轉登記。所以，就算民眾在一年內，贈與他人的財產總額都沒有超過免稅額，仍需申報贈與稅。

另外，為了避免生前贈與被棄養，又擔心「撤銷贈與」困難，建議可以考慮：死因贈與、附有負擔贈與或遺贈這幾種做法。平日

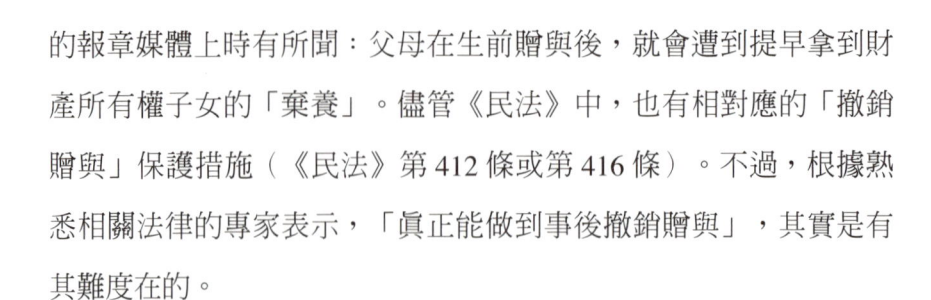

的報章媒體上時有所聞：父母在生前贈與後，就會遭到提早拿到財產所有權子女的「棄養」。儘管《民法》中，也有相對應的「撤銷贈與」保護措施（《民法》第412條或第416條）。不過，根據熟悉相關法律的專家表示，「真正能做到事後撤銷贈與」，其實是有其難度在的。

舉例來說，《民法》第416條第一項就規定：如果子女對贈與人或其父母配偶、親屬等有不法侵害行為，例如傷害、侮辱等，或有扶養贈與人義務而不履行時，父母作為贈與人時，有權撤銷贈與，拿回贈與物。但是，以上撤銷權，必須再知情起一年內撤銷。就算父母心軟而表示原諒，也不能進行撤銷。

雖然依《民法》第16條第一項的規定，贈與人可以撤銷贈與。但此條文適用的要件，是以「刑法故意侵害行為」，以及「扶養義務不履行」為前提。所以，過去的司法判決實務上，本就有很多爭議產生。

舉例來說，受贈人雖然對贈與人不孝，但如果沒有達到「故意傷害」的程度，恐怕就不能適用本條；又或是祖父母贈與孫子女資產（隔代贈與），由於中間還有父親這一代，可以扶養祖父母。孫子女們依法，其實並沒有對祖父母有扶養義務。所以，就算孫子女拿到財產後不盡扶養的義務，祖父母也不可以依照本條的規定而撤銷贈與。

所以，子女有沒有不法侵害行為？有沒有未履行扶養義務？有沒有違反負擔？還是得由父母「主動」提起訴訟，且同時要由「法

院判決」來認定！而這個過程，除了訴訟過程漫長，可能要拖上個4、5年以上，「沒有足夠證據」也是讓官司最後敗訴的原因之一。更重要的是，「跟子女對簿公堂」常令父母深覺難堪，種種因素考量下，自然會讓贈與的父母最後選擇忍氣吞聲、不了了之。

為了避免生前贈與被棄養，又擔心「撤銷贈與」困難，個人綜合多位律師們的看法，建議有此項擔憂的父母們，還可以考慮以下幾種做法：「死因贈與」、「附負擔贈與」、「附條件贈與」或是「遺贈」。

1・死因贈與。

所謂「死因贈與」是指，擁有財產的個人，在生前便與另一方達成協，一旦其死亡後，便將其財產自動轉移給另一方。也就是說，實際上的贈與行為，其實是在擁有財產者的「死後」才發生。表面上來看，雖然它有「贈與」兩個字，但它贈與發生（資產移轉）的真正時間點，卻是在被繼承人過世之後。

而根據法律專家，引用部分司法實務的見解認為，由於死因贈與必須由受贈人先知情並同意，所以與遺囑的概念並不盡相同。簡單說，**死因贈與在被繼承人生前「尚未生效」，所以被繼承人在生前，還是能保有對財產的主控權。**

關於「死因贈與應否適用特留分」的司法見解，歷年來有正、反兩方的不同意見。然而，依照最近最高法院「111年台上字第916號」的民事判決認為：「被繼承人所為死因贈與契約，倘侵害繼承人之特留分，應類推適用《民法》第1225條規定，准許繼承人行使

特留分扣減權」。且由於死因贈與，仍然需要繼承人「依約履行」，這對於「連特留分都分不到的繼承人」來說，還是會提出強烈反抗，並且提起一連串的訴訟。

正因如此，就有律師建議：除非不考慮繼承人間的關係，或有其他特殊考量，否則並不會特別建議擁有資產的人，採用死因贈與的方式。同時，也建議被繼承人在訂立死因贈與時，最好特別注意約定內容「儘量明確」，以便減少相關爭議。

2．附負擔贈與。

事實上，遺產擁有者若想把財產送給他人，依法是可以加上一些附帶條件的。根據《民法》第412條第一項就規定：「贈與附有負擔者，如贈與人已為給付而受贈人不履行其負擔時，贈與人得請求受贈人履行其負擔，或撤銷贈與」。因此，當受贈人不履行負擔時，贈與人就可以依照這條的規定，選擇要求受贈人履行負擔或是直接撤銷贈與，把已經給受贈人的東西「要回來」。

至於以上的這個「負擔」，要如何約定？雖然《民法》中，並未明文規定一定要以「書面」為之，但原則上，當雙方對於負擔的內容「意思一致」時，這個贈與的負擔就已生效。只不過，為了往後訴訟上舉證的問題，律師及專家們還是建議，附負擔贈與還是以書面訂立為佳，以免日後因為無法舉證，導致自身權利受損。

值得一提的是，儘管依《民法》第412條第1項「附負擔贈與」的規定來說，贈與人固然可依照自己的意願，訂定想要受贈者履行的負擔行為，一旦對方沒有做到，就可以撤銷贈與。

然而,即便透過贈與契約事前約定負擔,還是有其缺點。其一是:當受贈子女違反原先約規定時,仍然需要經過漫長的訴訟,並且花費大量的訴訟成本,才有可能取回。而這,也是附負擔贈與的缺點之一。

至於其另一個缺點,則常常出現在舉證以及認定上的困難。舉例來說,子女奉養父母,到底要給多少生活費,才算贈與契約所要求的扶養?假設在附有負擔贈與的契約上,並未寫得非常明確,日後不但容易發生爭議,恐怕就連舉證都會是一大困難。

除以上兩大缺點外,附負擔贈與仍有一大好處便是:依《遺贈稅法》第 21 條規定:「贈與附有負擔者,由受贈人負擔部分應自贈與總額中扣除」。因此,當受贈人取得財產,也願負擔額外義務時,那麼只要該負擔滿足所有條件,就可以從贈與總額中扣除、降低贈與淨額。

3‧附條件贈與。

所謂「附條件贈與」是指「贈與契約已成立,經條件成就時,發生贈與效力或失其效力」而言,其中條件分為「停止條件」及「解除條件」,這與「附負擔贈與」是截然不同的概念。在《民法》第 99 條中就有規定:「附停止條件之法律行為,於條件成就時,發生效力。附解除條件之法律行為,於條件成就時,失其效力。依當事人之特約,使條件成就之效果,不於條件成就之時發生者,依其特約」。

最後,還有一個專有名詞—「贈與附有負擔」,雖然有「贈與」

兩個字，但它只是一種計算贈與稅時可以扣除的項目，實際上與「贈與後的財產能否取回」並無多大關係，至於相關內容比較請參見（表5-1、表5-2）。

4．遺贈。

所謂「遺贈」是指，以遺囑，對他人（受遺贈人）「無償」贈與財產上的利益。而根據《民法》第1138條的規定，遺產繼承人除配偶以外，只有直系血親卑親屬、父母、兄弟姐妹及祖父母（後四者有順序之別），才具有繼承遺產的權利，除此之外的其他人都無權繼承遺產。並且必須在繼承開始時，尚未死亡並具有權利能力，也不能有《民法》第1145條所列的喪失繼承權的事由，才會具有繼承資格。

正因為以上的規定，假設有人想要將自己的遺產，留給自己想給的「非繼承人」，那麼最好的處理方式就是透過「遺贈」來進行。例如同居，但沒有正式婚姻關係的同性或異性配偶、並不在繼承順位之中的血親（例如兄弟姐妹的小孩），或甚至是希望捐贈的公益團體等皆是。

表 5-1 各式贈與模式的差異

	法條	條文
贈與	《民法》第 406 條	當事人約定,一方以自己之財產無償給與他方,他方允受之契約。
死因贈與	《民法》第 408 條	・以契約約定,於贈與人死亡時始發生贈與效力,贈與人在世時,贈與尚未發生效力。 ・在贈與人死亡前,贈與人隨時可以撤回贈與。 ・贈與物之權利未移轉前,贈與人得撤銷其贈與。其一部已移轉者,得就其未移轉之部分撤銷之。
附負擔贈與	《民法》第 412 條	贈與附有負擔者,如贈與人已為給付而受贈人不履行其負擔時,贈與人得請求受贈人履行其負擔,或撤銷贈與。
附條件贈與	《民法》第 99 條	・附停止條件之法律行為,於條件成就時,發生效力。 ・附解除條件之法律行為,於條件成就時,失其效力。 ・依當事人之特約,使條件成就之效果,不於條件成就之時發生者,依其特約。
贈與附有負擔	《遺產及贈與稅法》第 21 條	一種計算贈與稅時可以扣除的項目
遺贈	《民法》第 1202 條	遺囑人以一定之財產為遺贈,而其財產在繼承開始時,有一部分不屬於遺產者,其一部分遺贈為無效;全部不屬於遺產者,其全部遺贈為無效。但遺囑另有意思表示者,從其意思。

資料來源:深耕法律事務所羅翠慧律師
製表:李雪雯

表 5-2 死因贈與、附負擔贈與、附條件贈與及遺贈的差異

	死因贈與	生前附負擔贈與
契約或單獨行為	契約	契約
定義	當事人約定以死亡，做為發生贈與效力的一種法律行為。	附有履行一定義務的贈與，假設受贈人不履行其義務，贈與人可以請求其履行，或是撤銷贈與。
效力發生時點	死後	生前
有效要件	・贈與人須有完全行為能力（限制行為能力人亦可，但會有承認的問題，故專家普遍不建議）。 ・贈與人死亡時，受贈人仍存活，才發生贈與效力。 ・不要式契約（口頭、書面皆可，為避免爭議，建議以書面形式訂立契約）。	・贈與人資格同死因贈與（因為本質上皆是訂立贈與契約）。 ・贈與人存活時，即生贈與效力。
遺產繼承人是否適用《民法》第1225條特留分扣減權	歷年法院見解不同。最新法院見解，要適用（參照最高法院111年台上字第916號民事判決）。	原則上不適用
法條	《民法》無相關法條，類推適用遺贈。	《民法》第412條
稅賦	受贈人負擔遺產稅	受贈人須負擔贈與稅、土地增值稅、契稅等
生效時間	遺產擁有者死亡時	贈與行為發生時

資料來源：深耕法律事務所羅翠慧律師
製表：李雪雯

	生前附條件贈與	遺贈
	契約	單方行為：無相對人、不必雙方同意的單獨行為，但受遺贈人有拋棄的權利（《民法》第1206條第1項）。
	在停止或解除條件成就時，贈與才發生效力或失其效力。因此在停止條件成就前，贈與還沒有發生效力，贈與人可以選擇「撤回」原本要贈與的意願。但如果停止條件成就後，贈與契約就發生效力，且贈與物如果已經交到受贈人手上，就無法撤銷。	使用及透過「遺囑」，「無償」給予他人財產上的利益。
	契約約定的停止，或解除條件成就時	死後
	・贈與人資格同死因贈與（因為本質上皆是訂立贈與契約） ・只有在條件成就時，契約才會發生贈與效力，或失去效力。	・遺贈人的資格同遺囑，且遺囑有效，遺贈才有效 ・遺贈財產是遺贈人死後的遺產 ・不可侵害其他繼承人的特留分 ・受遺贈人沒有喪失繼承權 ・遺贈人死亡時，被遺贈人仍存活（《民法》第1201條） （以上必須五項同時符合才行）
	原則上不適用	適用
	《民法》第99條	《民法》第1202條
	受贈人須負擔贈與稅、土地增值稅、契稅等	受遺贈人負擔遺產稅
	所附停止或解除條件成就時，契約即生效或失效	遺產擁有者死亡時（也就是遺囑生效時）

二、遺囑

　　所謂的「遺囑」是指，遺囑人在生前依照法律的規定，對「他的財產以及其他事物做一處理」的方式，然後會在其死後，才發生法律效果。在法律上，遺囑算是一種所謂的「單方行為」。這裡的「單方行為」是指：只要寫遺囑的人說了就算數，也不用對任何人多做解釋。說得更白話一點就是，我國法律規定，只要年齡超過16歲，不是「無行為能力」或「限制行為能力」者，人人都可以自己寫遺囑，不需要得到任何人的允許。

　　那麼，為什麼預立遺囑會成為資產傳承上，很重要的一個工具？這是因為：

優點1・透過繼承，可讓擁有財產者在生前仍享有控制權。

　　這是因為遺囑是由被繼承人在生前所做，對於「其身後財產進行分配，或是想對繼承人表達遺願」的行為。

　　舉例來說，有兩位子女的某甲，有2,000萬元的財產。根據《民法》應繼分的規定，如果他沒有預立遺囑，這2,000萬元，就是一人各分1,000萬元。但如果他預立遺囑，是可以在不侵犯特留分的前提下，把這1,500萬元分給最愛的小女兒，大兒子反而只能分到500萬元。

優點 2. 遺囑可詳列立遺囑人「如何分配」，以及「分配後要如何運用」的想法。

通常，《民法》對於遺產該如何分配，是有具體規定的。一般在未寫遺囑的情況下，被繼承人的遺產全都依照「應繼分」的比例進行分配。然而《民法》上的應繼分及特留分，都是一種「財產分配比例」的概念，卻沒有解決擁有財產的人「想要如何分配自己的財產」？

特別像是不動產這類資產，假設有多位繼承人「公同共有」一間或多間不動產，或是被繼承人想將不同財產分給不同的繼承人，那麼透過遺囑的方式，擁有財產的人就可以詳細地列出：要如何分配？以及分配後要如何運用？

同樣以上例某甲為例，假設他有現金 2,000 萬元，以及一棟價值也約 2,000 萬元的老公寓。他可以預立遺囑，讓兩位子女共同平分 2,000 萬元現金及老公寓；也可以在遺囑中指明，由小女兒分得老公寓，大兒子拿 2,000 萬元現金。

更重要的是，既然遺囑是一份具備法律效力，可以此規範在背後支持推展的重要文件；而一份有效的遺囑對所有繼承人來說，都有「依遺囑內容，改變原先法定分配遺產額（應繼分）」的拘束力存在。那麼，除非遺囑違反特留分的規定，否則所有繼承人都不能反對。而遺囑在當事人生前，能夠隨時更改，等於全然掌握住自己所有財產的主控權。

遺囑裡面要寫些什麼？

一般人對「遺囑」的認知，不外乎就是「交待後事」，也就是一個人預先在生前留下一些「囑咐」，要求有關親人或繼承人依照其意思，處理身故後的各種事情，或是他對親人的一些想法或願望。

所以，遺囑的內容大可以由立遺囑人「自由安排」。但如果不知道裡面要寫些什麼，以下三大方向可以提供給讀者們參考：

1．說明遺願。

這部分通常與遺產分配無關，等於是最後要交待給生者的話，例如希望子女日後要孝順還活著的另一半，或是交待子女如何操辦身後事，以及進行器官或大體捐贈等。

2．遺產安排主要就是「指定應繼分」、遺產分割的方式。

例如可將所有財產全都捐做公益，或是將財產依不同比例分給各個繼承人；也可以依財產種類，分給不同繼承人。例如將動產分給某一繼承人、不動產分給某位繼承人；或是不准繼承人分割（注意《民法》上。對於「禁止分割」的效力只有 10 年）。

以分配「不動產」為例，立遺囑人最好是清楚指明不動產的標示。單以土地來說，至少要載明座落、地號以及權利範圍（也就是「持分」）；如果是建物（房屋加土地），則先標示土地的資料，再載明建號、門牌號碼，以及權利範圍。

由於繼承人在繼承不動產後，依法必須先辦理繼承登記。所以假設立遺囑人能夠在遺囑中，清楚標示不動產的相關資料，不但可以避免日後引發爭議，也有利於繼承人到地政機關，進行繼承登記

的相關作業。

不動產標示清楚之後,再來就是「如何分配」的問題。對此,律師會建議立遺囑人,可以指定將某間不動產,由某一位繼承人單獨,或多位繼承人共同繼承。原則上,只要不違反特留分的規定,立遺囑人都可以自由決定,想如何分配遺產給繼承人?至於各個繼承人,也都必須遵照立遺囑人的意思。

再以分配「動產」為例,雖然繼承人繼承動產時,並不需要登記(有價證券除外),但是立遺囑人可能會有許多相似的動產,像是立遺囑人的存款,散落在不同的銀行裡,便是一例。

由於立遺囑人訂立遺囑的目的之一,就是為了要降低日後繼承人之間發生爭執的可能性,所以,立遺囑人想藉由遺囑,將動產分配給繼承人時,最好「意思要表示清楚」。也就是把所擁有的各種動產,像是存款(現金)、有價證券、古董藝術品、名酒、收藏品等的金額、數量,及存放地點等全都標示清楚,方便讓各繼承人進行分配。

3‧其他重要交待事項。

例如指定遺贈的對象,以及遺贈的財產;將遺產交付信託;認領非婚生子女;指定遺囑執行人及監護人;特種贈與不予歸扣(例如:立遺囑人可以在遺囑中聲明,原本送給小孩的創業或結婚基金,日後不必列入應繼遺產);或是使某繼承人「喪失繼承權」(例如某位繼承人,因為對被繼承人,也就是「立遺囑人」,有「重大虐待或侮辱情事」,就可以在遺囑中進行說明及舉例)。

總的來說，為了讓父母或自己全權處理遺產，最好能事先立下遺囑，也不用擔心先立了遺囑，日後就沒辦法更改。因為，只要當事人的想法有任何改變，隨時都可以從新寫過。

最後還有更重要的是，立遺囑人千萬別忘了將「有遺囑」這件事，告訴值得信賴的人，讓對方能在立遺囑人身故後，幫忙處理想要完成的事項。當然，為了確保有人能確實執行立遺囑人的遺願，大可以在遺囑中，將此人列為遺囑執行人。但唯一要記住的是：遺囑的存放位置，一定要跟這位遺囑執行人交待清楚，不然等立遺囑人離世之後，遺書卻找不到，那也等於是「白寫了」，細節請見（表5-3）。

儘管預立遺囑有其特殊的優點。但若要讓遺囑能真正發揮其優勢及功能，以下重點請務必遵守：

重點1・訂立遺囑必須依照「法定方式」為之（遺囑的要式性）。

儘管遺囑在交待「如何分配及運用」上具有一定的優勢，但是在資產傳承中，依舊經常會出問題（繼承人間產生爭論及糾紛）的地方，就是沒有注意到遺囑的「有效性」。最知名的案例就是長榮集團已故總裁張榮發，在2014年立下密封遺囑，指定由最小兒子張國煒，接任總裁並單獨繼承財產。

由於當時大房三子張國政，提起確認遺囑無效訴訟，且在2020年敗訴後再提上訴，整件事一直到2024年最高法院再駁回上訴後，方才確定張榮發的遺囑是「有效的」。

儘管2024年最高法院確定的是「遺囑有效確認之訴」，而非「遺

囑執行之訴」，但值得一般在進行資產移轉規劃民眾注意的，就是「單單是遺囑的有效性」。畢竟纏訟多年下來，確實可讓所有繼承人歷經多年糾纏，還拿不到任何一毛錢的遺產。

假設製作遺囑並未遵照一定的法律規定，且法定繼承人質疑提出訴訟，很可能被法院認定無效。所以，預立遺囑的人千萬不要貪圖方便，省略掉該有且必要的步驟。為了讓資產移轉更加順暢，擁有財產的人（被繼承人）最好遵照《民法》從第1189條到第1198條的五種遺囑方式，細節可參見（表5-4、表5-5）內重點整理的規定。

表5-3 《民法》中，有關遺囑的重點條文

	法條規定	《民法》條文
誰可以立？	除了「無行為能力」、「限制行為能力」及「16歲以下」者以外，都可以自由立遺囑。	1186
撤回及其定義	遺囑人得隨時依遺囑之方式，撤回遺囑之全部或一部。	1219
	遺囑人於為遺囑後所為之行為與遺囑有相牴觸者，其牴觸部分，遺囑視為撤回。	1221
	遺囑人故意破毀或塗銷遺囑，或在遺囑上記明廢棄之意思者，其遺囑視為撤回。	1222
種類	立遺囑的方式，包括自書遺囑、公證遺囑、密封遺囑、代筆遺囑、口授遺囑等五種法定方式。	1189
自由處分遺產	遺囑人於不違反關於特留分規定之範圍內，得以遺囑自由處分遺產。	1187
效力發生	遺囑人死亡	1199

資料來源、製表：李雪雯

表 5-4 有關五種遺囑方式的法律規定

		法
自書	自書遺囑者,應自書遺囑全文,記明年、月、日,並親自簽名;行簽名。	
公證	公證遺囑,應指定 2 人以上之見證人,在公證人前口述遺囑意旨,月、日,由公證人、見證人及遺囑人同行簽名,遺囑人不能簽名	
密封	密封遺囑,應於遺囑上簽名後,將其密封,於封縫處簽名,指定,如非本人自寫,並陳述繕寫人之姓名、住所,由公證人於封面遺囑人及見證人同行簽名。	
	密封遺囑,不具備前條所定之方式,而具備第 1190 條所定自書	
代筆	代筆遺囑,由遺囑人指定 3 人以上之見證人,由遺囑人口述遺囑人可後,記明年、月、日及代筆人之姓名,由見證人全體及遺囑	
口授	遺囑人因生命危急或其他特殊情形,不能依其他方式為遺囑者, ・由遺囑人指定 2 人以上之見證人,並口授遺囑意旨,由見證人月、日,與其他見證人同行簽名。 ・由遺囑人指定 2 人以上之見證人,並口述遺囑意旨、遺囑人姓證人姓名,全部予以錄音,將錄音帶當場密封,並記明年、月、	
	口授遺囑,自遺囑人能依其他方式為遺囑之時起,經過 3 個月而	
	口授遺囑,應由見證人中之一人或利害關係人,於為遺囑人死亡之認定如有異議,得聲請法院判定之。	

資料來源、製表:李雪雯

	《民法》條文
如有增減、塗改，應註明增減、塗改之處所及字數，另 由公證人筆記、宣讀、講解，經遺囑人認可後，記明年、 者，由公證人將其事由記明，使按指印代之。	1190
2 人以上之見證人，向公證人提出，陳述其為自己之遺囑 記明該遺囑提出之年、月、日及遺囑人所為之陳述，與	1192
遺囑之方式者，有自書遺囑之效力。	1193
意旨，使見證人中之 1 人筆記、宣讀、講解，經遺囑認 人同行簽名，遺囑人不能簽名者，應按指印代之。	1194
得依左列方式之一為口授遺囑： 中之 1 人，將該遺囑意旨，據實作成筆記，並記明年、 名及年、月、日，由見證人全體口述遺囑之為真正及見 日，由見證人全體在封縫處同行簽名。	1195
失其效力。	1196
後 3 個月內，提經親屬會議認定其真偽，對於親屬會議	1197

121

表 5-5 五種《民法》所訂遺囑方式的重點整理

	是否需要自己書	是否需要見證人	相關費用
自書遺囑	遺囑人須親自手寫，不能打字。	不用	無（若請公證人認證，有認證費）
代筆遺囑	由見證人之一，代為筆記，可以手寫或打字。	3位以上見證人	無。但代筆人或見證人若為律師，通常會收律師費。
公證遺囑	由公證人筆記，可以手寫或打字。	2位以上見證人	公證費用1但見證人若為律師，通常會收律師費。
口授遺囑	由見證人之一人筆記	2位以上見證人	無。但見證人若為律師，通常會收律師費。
密封遺囑	可由自己書寫或他人代寫	1位公證人、2位以上見證人	・公證費用 ・見證人若為律師，通常會收律師費。

說明：公證費用依財產價值而定，請參考法院的「公證費用標準表」：

資料來源：深耕法律事務所羅翠慧律師
製表：李雪雯

重點附註說明
・當只有一份正本遺囑時,如果遺失,就無法提出。手寫時可以用複寫紙放下面,至少還可產出複本。 ・為確保遺囑真實性,最好在公證人面前手寫,並請公證人認證。
未成年人、禁治產人、繼承人及其配偶,或其直系血親、受遺贈人及其配偶或其直系血親,均不得為見證人(《民法》第 1198 條)。
未成年人、禁治產人、繼承人及其配偶或其直系血親、受遺贈人及其配偶或其直系血親、為公證人或代行公證職務人之同居人、助理人或受僱人,均不得為見證人(《民法》第 1198 條)。
・只有在遺囑人因生命危急或其他特殊情形,不能依其他方式為遺囑的狀況下所為 ・遺囑人死亡後,要在 3 個月內提出親屬會議確認真偽 ・經過 3 個月後,若立遺囑人已經可以依其他方式立遺囑時,遺囑就會失其效力。所以,口授遺囑並不適合一般大眾使用。
・程序較繁複,是由遺囑人在遺囑上簽名後,將其密封,並在封縫處簽名,指定 2 位以上見證人,再向公證人提出,陳述遺囑是自己書寫。 ・假設不是當事人自己寫,還要陳述繕寫人的姓名、住所,並由公證人在封面上,記明該遺囑提出的年、月、日,以及遺囑人所為之陳述,且與遺囑人及見證人同行簽名。 ・一般來說,當事人就是不想讓遺囑內容曝光,才會使用密封遺囑。所以,一般大眾也較少使用此方式。

https://law.moj.gov.tw/LawClass/LawParaDeatil.asp×?pcode=B0010010&bp=7

重點 2・立遺囑人必須有「遺囑能力」。

事實上，有關遺囑的有效性，除了製作方式必須「合於《民法》的相關規定」外，還與「立遺囑人有沒有行為能力」有關。因為根據《民法》第1186條的規定，必須是「年滿16歲」，且「具行為能力」的人，才有資格立遺囑。

關於後者（不具行為能力）方面，也是過去遺囑有關的訴訟爭議中，相當常見的情形，例如原立遺囑之人，被其他繼承人認為「被繼承人身前已罹患失智症致神智不清，應無法作成遺囑之意思表示，遺囑應為無效」。例如長榮集團創辦人張榮發的遺產之爭，首先由大房3子張國政跳出來，質疑遺囑效力，並向法院提出「確認遺囑無效之訴」，而此案有二大爭議焦點之一就是：張榮發在寫遺囑時，是否具備遺囑能力？

在經過8年的訴訟攻防之後，法院在判斷遺囑效力時，是根據2014年的醫院病歷紀錄顯示：張榮發在寫遺囑時，並沒有認知能力上的困難，而且在同年9月至11月間，仍然有處分鉅額財產的能力。以上都可證明，張榮發確有遺囑能力。所以，為了避免日後造成後續的爭訟，許多專家都建議立遺囑人，採最不容易有爭議的「公證遺囑」，同時在現場錄音、錄影以資佐證。

個人之前在採訪時，還曾聽聞一位癌末病人立遺囑的案例。當事人除了把公證人請到現場，製作公證遺囑外，還請了主治醫師到場，證明當事人意識清楚，並同時錄音、錄影存證。以上方法，可供讀者參考。

重點 3・不能侵害特留分。

預立遺囑,雖然可以改變《民法》中,對於應繼分的規定。但是,依舊無法違反「特留分」的規定。也就是說,除非立遺囑人(擁有財產的人),可以證明繼承人有《民法》第 1145 條的「喪失繼承權」情形,否則,就不能給各繼承人,少於其應有特留分比例的遺產。

舉例來說,甲父有遺產 3,000 萬元,妻已身故,只留有三位子女。也就是每一位子女的特留分,是 500 萬元。除非甲父能證明某位子女,有喪失繼承權的情形,否則,每一位子女最少,都有 500 萬元的遺產可得。

只不過值得注意的是:以上「遺囑分配不得違反特留分」,並不等於遺囑無效!而其所生的法律效果便是:被侵害特留分的繼承人可以提起「行使特留分扣減權」之訴。

也就是說,假設繼承人認為,自己應得的金額不足《民法》特留分的規定,繼承人大可主張要行使扣減權,也就是繼承人可以向其他繼承人主張「按照特留分比例回復其繼承」。

重點 4・確定遺囑裡的文字,沒有太多的爭議。

例如之前就有律師提到,一位女士在遺囑裡寫下「如果我外出發生事故不幸我的財產(包括存款、保險、房產,等等)全部贈與我的乾姐姐 OOO 女士」……。但是,這位女士之後卻疑似因心血管疾病而在家病逝。所以,地方法院認定以上的遺贈條件「不成就」。正因為遺囑文字是寫「外出發生事故」,而讓乾姐姐不能取得遺產。儘管全案仍可上訴,乾姐姐最後仍有可能拿到應得的遺產。但是,

如果的遺囑內容文字儘量清楚、明白、沒有疑義，繼承人也就不會再辛苦花時間打官司。

重點 5・找到一位適合的遺囑執行人。

儘管以上四大重點，都是專打遺產訴訟官司律師們認為，在遺囑爭訟上最常發生的原因。不過根據實際接觸過許多遺囑糾紛案件專家的說法，擁有資產的人即便預先寫好遺囑，遺囑也沒有「無效性」的爭議，但仍舊可能發生「無法順利分配與執行」的困難。

這裡所指的「執行困難」有很多種，其中一種可能是：遺囑中，超過財產分配的指示會「執行困難」。這是因為遺囑的法律效力，只能夠拘束繼承人，對於被繼承人「名下所有財產」的繼承權。也就是說，如果財產不是登記在被繼承人的名下，自然就沒有任何拘束力。舉例來說，被繼承人在遺囑中表示：要將「借他人名義登記」的不動產，分配給特定繼承人。但由於該不動產根本不在被繼承人的名下。一旦出名的人（實際的不動產登記人）否認有借名的情形，遺囑執行起來就會產生困難。

但最多的時候是，遺囑分配財產的執行出現困難，還是在於「繼承人的刻意不遵守」。最有名的案例還是張榮發的遺囑。根據媒體報導，張榮發雖然在遺囑中，指示要張國煒繼任長榮總裁。但由於總裁涉及股權投票等事宜，當其他繼承人無意遵守時，這部分的遺囑內容在執行上，就會變得異常困難。所以，遺囑的重點有時並不是立遺囑人怎麼寫？或是寫了什麼？當然，要寫什麼？都是隨立遺囑人的個人意願。但其重點是：誰要來執行？面對遺囑內容有不服

從的家族成員時,便需要有一位能「鎮住全場,且讓所有繼承人聽話」的人才行。

這個時候,除了前面「第二章、觀念:資產移轉的核心—人、分、管」中所提到的「人(的情緒)」與「分(配)」技巧外,要能找到一位好的遺囑執行人,讓「被繼承人的遺囑,能被確實執行」,才能確保資產順利移轉或移交給指定的繼承人。

這也是許多專家不忘提醒擁有資產者的人,在立遺囑時不可或忘的重點。道理很簡單,立下遺囑之後,如果沒有人去執行,那這份遺囑有可能會「永遠不見天日」。

所以,什麼才是「適當」的執行人呢?

因為如果單是有一位遺囑執行人,但這位人士「不夠力」,不能贏得所有繼承人的信任與尊敬,那也是「白搭」。根據《民法》第1214條的規定,遺囑執行人的任務是在就職後,「於遺囑有關之財產,如有編製清冊之必要時,應即編製遺產清冊,交付繼承人」。且《民法》1215條也規定:「遺囑執行人有管理遺產,並為執行上必要行為之職務。遺囑執行人因前項職務所為之行為,視為繼承人之代理」。

說得更白話一點就是:為了執行遺囑並實現被繼承人的意志,遺囑執行人要對遺產進行實質管理。舉例來說,當遺產被其他的人佔有時,遺囑執行人就要向他們「請求移轉佔有」;假設對方依然「不從」,遺囑執行人還可以為此提出訴訟。而且,遺囑執行人不只「管理遺產」,假設被繼承人生前欠人家錢,也是由遺囑執行人從遺產

中來幫被繼承人「還債」；又或是遺囑中有交付贈與物的狀況、進行分割遺產等，樁樁件件都需要由遺囑執行人來接手完成，細節可參見（表 5-6）規定。

> **權利你我他**
>
> ### 單身一族想照顧寵物，可透過「遺囑＋信託」圓夢
>
> 根據資料顯示，全國的單身人口已突破 650 萬人。且平均每四戶就有一戶飼養寵物，2023 年的寵物登記數量，甚至也已經超過新生兒許多。
>
> 所以，儘管飼主心中的遺產贈與對象，可能並不是跟自己有血緣關係的血親，反而是平日與自己長相伴的寵物。
>
> 只不過，以台灣現行法律而言，寵物雖然有生命，但是被歸類為「動產」、被視為物品，並非「自然人」，所以無法繼承遺產。這個時候，飼主也可在生前就預立遺囑，指名將遺產留給值得信賴的親友，但必須以「照顧毛小孩」作為接受贈與的條件；又或是將一部份遺產指定為寵物照顧用途，並在遺囑裡，同樣列出照顧毛小孩的各項條件，讓毛小孩不因飼主過世，生活無以為繼。

表 5-6 有關遺囑執行人的重點

重點	內容
角色與功能	依遺囑意旨來管理及處分與遺囑有關的遺產（《民法》第 1216 條）
工作內容	・如遺囑執行人兼為遺囑保管人，於有繼承開始之事實時，應以適當方法通知已知之繼承人（參考《民法》第 1212 條）。 ・於遺囑有關之財產，如有編製清冊之必要時，應即編製遺產清冊，交付繼承人（參《民法》第 1214 條）。 ・遺囑執行人應管理遺產，並為執行上必要行為之職承。其因職務所為之行為，視為繼承人之代理（參考《民法》第 1215 條）。
誰可以當？	除了未成年人、受監護或輔助宣告之人，不得為遺囑執行人外，其他任何都可以，而且，繼承人也可以兼遺囑執行人（《民法》第 1210 條）。
立遺囑人未定時，由誰決定？	遺囑人得以遺囑指定遺囑執行人，在一定條件下亦得由利害關係人聲請法院指定之（參考《民法》第 1221 條）。
注意事項	・為避免遺囑執行人先於遺囑人而死亡，遺囑人可考慮一併指定備位的遺囑執行人。 ・繼承人在遺囑執行人執行職務中，不得處分與遺囑有關的遺產，也不得妨礙其職務的執行。 ・關於遺贈的處理，必須先辦理繼承登記，以及遺囑執行人登記後，再由遺囑執行人會同受遺贈人，辦理遺贈登記。
有數人時的職務執行	原則上以「過半數」決定（參考《民法》第 1217 條）
辭任	遺囑執行人如有正當理由者，得聲請法院許可其辭任。
怠於執行職務時	遺囑執行人若怠於執行業務，或有其他重大事由時，利害關係人得請求親屬會議改選他人。其由法院指定者，得聲請法院另行指定（參考《民法》第 1218 條）

資料來源：《民法》相關法條
製表：李雪雯

三、保險

整體來說，保險有以下四大非常大的優勢：

優勢1・不受《民法》應繼分或特留分的限制。

不論是依《民法》的應繼分，或是透過預立遺囑分配財產，都可能面臨繼承人間的爭吵問題，包括財產價值的計算、遺產分割的協議，或是共有財產的處分等。事實上，保單之所以不受《民法》中，關於應繼分或特留分限制的原因，主要來自於《保險法》以下幾條的規定：

第5條：「本法所稱受益人，指被保險人或要保人約定享有賠償請求權之人，要保人或被保險人均得為受益人」。

第101條：「人壽保險人於被保險人在契約規定年限內死亡，或契約規定年限而仍生存時，依照契約負給付保險金額之責」。

第112條：「保險金額約定於被保險人死亡時給付於其所指定之受益人者，其金額不得作為被保險人之遺產」。

更重要的是，由於《民法》屬於「普通法」，但《保險法》卻是屬於「特別法」。由於特別法（《保險法》）的位階，又高於普通法（《民法》），所以，人壽保險的保險給付，就不受到《民法》應繼分及特留分的限制。

優勢2・讓資產快速地，交付給想要交付的人。

根據《保險法》第 34 條的規定：「保險人應於要保人或被保險人交齊證明文件（保險契約、死亡證明書、除戶證明等資料）後，於約定期限內給付賠償金額。無約定期限者，應於接到通知後 15 日內給付之。保險人因可歸責於自己之事由致未在前項規定期限內為給付者，應給付遲延利息年利 1 分」。

也就是說，要保人可自由決定，在被保險人死亡後，誰才是這張保單的「受益人」？這個人可以是要保人想要交付一定資產的人，也可以是因為資產多元、無法均分之下，補足某幾位繼承人應繼分或特留分的差額。以上做法既不必經過申報繳納遺產稅的程序，也不必透過遺產的協議分割等過程，保險人（保險公司）就會依照保險契約，將保險金一次（或分期給付）給付給所指定的受益人。如此一來，受益人便可快速且毫無爭議地，順利取得被繼承人所給予的財產。

優勢 3・預留稅源。

由於繼承事實發生之後，只要沒有繳清遺產稅，即使繼承人全體同意，也不能動用及處分遺產。然而多數民眾的狀況是：這時更需要一大筆現金，來支付各項稅單及費用。這個時候，保險理賠金就可以發揮其「預留稅源」的優異功能。因為保險理賠金能夠跳脫繼承登記、遺產分割協議等流程，讓受益人在繼承後，就迅速領到現金使用。

先以遺產稅審核時間來看，儘管目前法令並沒有規定明確的審核期限。但是依據財政部北區國稅局的公告來看，審核核發完稅證

明、免稅證明的申請期限為 60 天，申請分期繳納或延期申報，則需要 6 至 8 天不等的時間。且以上的時間並沒有包含前面，申請除戶證明、整理調閱遺產的時間。所以實際上從申報遺產稅，到取得完稅、免稅證明，保守估計至少約需 2 個月的時間。

前面章節曾經提到，繼承人必須先繳完遺產稅，才能夠走完整個遺產稅申報過程，並且取得完稅證明，才能進行遺產分割或處分。但相對的，領取保險理賠金的速度，可能只需不到 1 個月的時間，就會進入保單指定受益人的帳戶。如此一來，保單就可以發揮極大的「預留稅源」效果。

優勢 4．減少遺產總額。

實際以某甲為例，如果他的遺產淨額（為了簡化舉例內容，以上數字並不包括所有不計入遺產中的金額，以及各項免稅額、扣除額後的淨額）是 3,000 萬元，依照目前遺產稅率計算，他必須繳交 300 萬元的遺產稅。假設他遺有配偶及一子、一女。那麼，配偶及兩位子女，將各繼承 900 萬元、總計只剩下 2,700 萬元的遺產。

如果某甲善用保單進行預留稅源，以及減少遺產淨額的動作。他可以購買一張 10 年繳費的終身壽險。保額設定為可能繳交的遺產稅金―300 萬元（假設這 10 年的資產金額不變）。以某家壽險公司的保單，10 年下來的總繳保費，差不多要 90.7 萬元。

而在支付保費之後，遺產淨額可以降到 2,909.3 萬元，且只要繳 290.93 萬元的遺產稅，還可以額外擁有不計入遺產總額中計算的 300 萬元保險理賠金，等於配偶及子女，共可獲得 2,918.37 萬元的

遺產總額，比原本只剩下 2,700 萬元的遺產還要多，請見（表 5-7）所示。

特別是某甲，若投保「增額型」保單，還可以讓不計入遺產總額中的金額加大。但是為了避免可能導致國稅局祭出實質課稅原則，建議民眾在進行規劃時，方法還是不要「太超過」的好。

表 5-7 用保單進行節稅規劃前、後的差異比較

	規劃前	規劃後
遺產淨額	3,000 萬元	2,909.3 萬元
遺產稅	300 萬元	290.93 萬元
預留稅源的十年期繳保費	—	90.7 萬元
不計入遺產總額中計算的保險理賠金	0 萬元	300 萬元
下一代可以獲得的遺產總額	2,700 萬元	2,918.37 萬元

資料來源、製表：李雪雯

預留稅源的保單規劃

儘管購買保單，具有「預留稅源」的一大優勢。但實際在預留稅源的規劃上，主要有二個困難點。

其一是：到底要保多少金額，才足夠作為預留稅源與支出之用？

其二則是「受益人選擇對象要正確」。

重點 1 · 選擇投保金額。

由於保險費用多半是分期及長年期繳納，但被繼承人的實際財產價值，卻會隨時間而不斷變動，更不要說相關法規，也可能改變。任何人都非常難以去預測 10 年或甚至 20 年後，可能會有多少遺產

稅發生。所以有專家建議，最好的方式就是以 5 年左右作為一個期限，定期檢視資產狀況的的變化，以時時確保投保足夠保險金額。

但實際上，真正會去時時檢視自己財產的客戶非常少，所以我個人會建議，投保金額可先以「當下所計算出的遺產稅金額」為準，並且優先選擇「保障倍數高（也就是「身故理賠金」除以「總繳保費」倍數最高）」的終身壽險（例如「利變增額終身壽險」）。

這樣做的好處有三：

一、用現金去購買一張保單，就可以降低「計入遺產總額」中的金額，有可能降低課稅稅率。

二、用快速可以領到的身故理賠金，用來繳交遺產稅。

三、剩餘的身故理賠金，還能放大「移轉或傳承的實際金額」。

如果被繼承人名下有正在進行貸款的不動產，除了可以「預留稅源」外，在被保險人（被繼承人）身故之後，身故理賠金扣掉繳遺產稅的餘額，還能拿來償還銀行房貸。

除了以上三項優點之外，由於民眾的資產常會隨著逐漸增加的本金，以及優異的投資績效而長大。所以，購買「增額」型的保單，也同時兼具「可讓預留的稅源自動增加」的優勢。

重點 2・選擇受益人對象。

這裡所提到的「保單受益人對象」有兩大重點，其一是從節稅進行考量，也就是要做對「保單的指定受益人」。至於另一個重要性在於：國稅局的稅單，可能是半年或 1 年後才寄到。但是保險的給付可能只需半個月或 1 個月，就會匯到指定受益人的銀行帳戶裡。

這中間,會有很長一段的時間落差。

假設領到錢的人,2、3天就花光光;又或是拿到錢的人,不願拿錢出來繳遺產稅。那麼,這個預留稅源的計畫就會徹底「破功」。所以建議被繼承人在進行預留稅源規劃時,一定要仔細考慮「指定受益人」的設定。

其實,隨時可改受益人,避免生前贈與「喪失控制權」,或遺囑有效性問題。更重要的是,「更改保單受益人」只需要透過「書面」,告知保險公司即可,既不需要像立遺囑一樣,必須擔心遺囑「有效性」的問題;也不用擔心生前贈與財產給子女,但後來子女不肖,還得透過打官司方式討回的窘境。不過,儘管保單在資產傳承上具有強大的節稅(降低遺產總額),以及預留稅源的功能,但是也存在一些缺點,例如:

缺點1.小心國稅局「實質課稅」原則。

也就是說,如果客戶購買保險的方式,經國稅局認定屬於「刻意規避遺產稅捐」,或是出自個人投資目的,而不是為了預防風險時,國稅局仍會基於實質課稅原則,將這些保單列為遺產。

這是因為雖然保險,具有非常優異的節稅效果。但卻因為過去被一些有心人士利用,以刻意躲避遺產稅等,導致稅捐不公。稅捐稽徵機關為了防堵此一情況,便開始對於某些投保行為,依實質課稅原則補課徵遺產稅,並處以罰款(處所漏稅額2倍以下罰鍰)。

根據熟悉國稅局實質課稅原則的專家表示,國稅局在祭出「實質課稅」大旗之前,所考慮的重要標準就是「投保的核心意圖」。簡

單來說,購買保險的目的,必須與保險存在的原意—照顧受益人的生活有關,絕不能是「規避將來因為死亡,所可能產生的遺產稅負」。

讀者也許會問:國稅局如何能知道保戶的「真正投保意圖」?

簡單來說,當保戶同時發生「躉繳」、「密集(短期)」、「保障金額低於總繳保費」、「鉅額」、「舉債」、「重病時才投保」時,就很難片面以「照顧遺族生活」,做為購買保單的理由。國稅局反會認定保戶購買保單的目的,不是單純地「求保障」,而是刻意逃稅。

還有一種情況是:由於保單的「年化報酬率」並不比一般股票、基金、債券等金融商品來得高。所以理論上,多數人並不會在整體資產中,將過高的比重放在保單上。因此就有專家提醒:假設保單佔整體資產在 1／3,甚至 1／2 以上,將很容易遭國稅局認定有刻意避稅的目的,改以適用實質課稅的原則來向你課徵遺產稅。

正因為國稅局在查核民眾購買保單時,是以「投保意圖」為準,所以想要藉著保險的特殊功能達到預留稅源效果的民眾,最好就是趁自己年輕、身體還健康時就購買長天期(最好 10 年以上)繳費的高保障(保費低於保險給付)保單,以免遭認定為不能免稅的風險。

缺點 2・只能使用「現金」。

由於用保險傳承資產,只能使用現金繳交保費。特別是國人的主要資產,是以不動產為主。假設要使用保單,做為資產傳承的工具,則必須先賣出不動產(或抵押借款),並取得現金之後才能利用。

缺點 3．要、被保險人及受益人指定必須正確。

雖然根據《保險法》第 11 條的規定：「保險金額約定於被保險人死亡時給付於其所指定之受益人者，其金額不得作為被保險人之遺產」。但是，如果保單的要、被保險人及受益人的指定沒做做好，還是有可能要繳稅。

「正確設定保單關係人」的理由是：保單價值準備金，是要保人的資產。所以，一旦有關係人轉換或是保險給付等，就有可能（並非一定）產生課稅的問題。至於保戶可能會被課稅的種類，包括了遺產稅、贈與稅，或個人的最低稅負制請見（表 5-8）所示。

這是因為保單的關係人共有三種：要保人、被保險人及受益人。

表 5-8 不同保單關係人的設定，保戶可能要繳的稅

		父親身故的可能結果			
三種保單關係人設定	要保人	父	子	父	子
	被保險人	父	父	子	子
	受益人	子	子	父	父
可能繳稅	最低稅負	可能（要保人、受益人不同人的死亡給付，超過 3,740 萬元的部分，要列入受益人個人所得中，計算最低稅負）。	×	×	可能
	遺產稅	×（注意實質課稅）	×	×	×（注意實質課稅）
	贈與稅	×	×	×	×

資料提供：國際認證高級理財規劃顧問 CFP® 駱潤生
製表：李雪雯

關係人的安排將牽動可能的稅務問題。所以，如果民眾想透過購買保單，以便「預留稅源」時，一定要記得將「被保險人」設定為「被繼承人」，而將有繳納遺產稅義務的「繼承人」，需與保單「受益人」為同一人。也就是安排如（表 5-8）當中的「父親為要保人及被保險人、子為保單受益人」的組合。

善用保險規避遺產稅，可行嗎？

不過，雖然依照《遺產及贈與稅法》第 16 條第九款的規定，「以被繼承人為被保險人，給付其所指定受益人之人壽保險死亡給付，不列入遺產總額課稅」；但是如果有納稅義務人利用保險規避遺產稅，稅務稽徵機關仍得依據有關稅法規定，或是《納稅者權利保護法》第 7 條所定「實質課稅原則」辦理。在此同時，根據財政部曾在 109 年 7 月 1 日，所發佈的「保險實質課稅八大態樣」，如果保戶有涉及相關態樣的保險給付，也非常有可能會納入遺產中課稅。

另外，如果保戶的保單關係人設定組合，是「要保人及受益人是兒子」，父親則為「被保險人」的情形，由於要保人與受益人為同一人，一旦每年保險費是由父母代為繳納，將會被國稅局「視同贈與」（繳費當年為贈與年度）。

特別是民眾早期購買的保單，如果沒有指定受益人的話，一旦被保險人（父親）身故，就有可能會變成被保險人的遺產（可參考《保險法》第 113 條：「死亡保險契約未指定受益人者，其保險金額作為被保險人之遺產」）。

關於受益人的指定，目前國稅局尚能認可的方式，一是「寫受益人的姓名」，另一個則是「稱謂」。但值得民眾注意的是：由於稱謂（特別是配偶）會有所變動。所以，在指定受益人方面，最好是直接寫對方的姓名。此外要請大家格外注意：

1．保單價值準備金屬要保人資產，變更要保人時須注意遺產及贈與稅。

「購買保單」幾乎是國人很常用的一種投資理財工具。且依照《保險法》的規定，要保人對保險標的具有保險利益，且在保險契約生效之後，即享有隨時終止契約，並取得解約金的權利。

但是，國稅局不忘提醒大家：儘管「變更要保人」屬於要保人的權利。但是一旦要保人變更為他人時，就是將保險法上的財產權益移轉給他人，贈與行為便即成立。這時就要按截至要保人變更日的保單價值準備金，計算贈與價額。

此外，假設原要保人先進行「要保人變更」之後才死亡，那麼還得注意「死亡前二年內贈與應併入遺產課稅」的規定。假設原要保人在變更要保人後 2 年內死亡，且變更後的要保人就是被繼承人的配偶，以及依《民法》第 1138 條、第 1140 條所規定的各順序繼承人與其配偶。這樣一來，該項贈與的保單就應該依《遺產及贈與稅法》第 15 條的規定，將繼承當日的保單價值準備金，併入遺產總額中課徵遺產稅。

2．要買對險種。

關於人壽保險的身故理賠金，據了解相關稅法的人士表示，假

使是意外險或是旅行平安險中的意外身故保險金，只要有指定受益人，也是可以不被計入被繼承人遺產中。

至於屬於「人身保險」的年金險部分，比較複雜的是：年金險的功能，因為是提供被保險人「一定生活費」的功能，而不是提供身故保障。所以除非有「身故保障」或「保證年金給付」功能的年金險，否則，所有的給付（被保險人在年金累積期身故時，其給付名義只是「退還所繳保費」，而不是身故理賠金），全都得計入被繼承人的遺產總額之中。

目前，有提供「身故保障」的年金險，主要是少數的變額年金險；至於有「保證年金給付」的年金險，則是部分傳統利率固定，以及利率變動型年金險。而以上兩種年金險，若已預先設有「指定身故受益人」的話，那麼這筆身故理賠金，便不用計入被繼承人的遺產總額中被計算。

在《遺產及贈與稅法》第16條第九款中有規定：「約定於被繼承人死亡時，給付其所指定受益人之人壽保險金額」，可以不列入遺產總額中計算。也就是說，假設不是屬於「人身保險」的保單，就不能「不計入遺產總額」。另根據《保險法》第13條，對於「人身保險」的定義，只限人壽、傷害、健康、年金等4種。

然而值得注意的是，儘管年金險算是「保險金額不用計入遺產總額中」的標的。但是，年金險又分為「繳費期」與「給付期」。假設被保險人（同要保人）在「繳費期間」過世，是只能領回「已繳的保單價值準備金」。因此這筆錢，還是屬於「要保人」的遺產

並課稅。如果被保險人（要保人）是在「開始領取年金」時才身故，則又會有以下兩種情形發生。

一是「有保證給付年金（例如至少保證10年、15年或20年）」。

二是「沒有保證給付年金」。

一般來說，如果是後者（沒有保證給付年金）的保單，被保人身故後，年金給付就停止了，當然也不會有任何後續的保險給付；但假設是前者（有保證給付年金）的保單，也還有兩種情形：「有指定保險金受益人」及「無指定保險金受益人」。

假設沒有指定保險金受益人，依照《保險法》第135-3條的規定，這一整筆的「保證年金」，同樣屬於被保險人的遺產，必須列入遺

圖 5-2 未指定保單受益人，年金保險課稅有規定

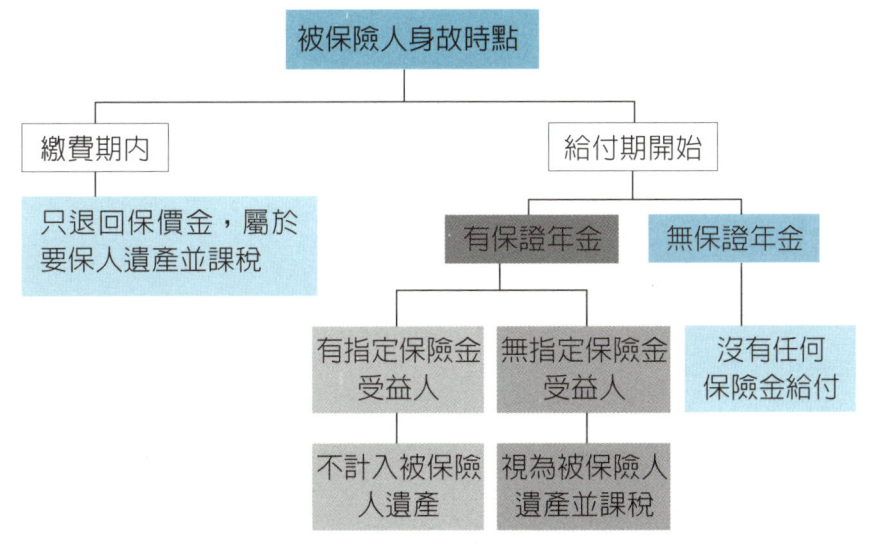

繪圖：李雪雯

產中課稅；只有年金險保單「有指定身故受益人」時，才可以適用《保險法》第 112 條的規定，得不列為遺產課稅（請見下圖 5-2）。

3．不是人人都適合或可以買到足額保險。

保險雖然具有「可以放大」的功能，但也不是每個人適合。

為什麼？

最常見的一種情況就是「體況差，買不到保單」。

整體而言，雖然真正要處理及面對遺產稅風險的，並不是第一代，而是繼承的第二代。但是，正由於保險存在實質課稅原則的限制，所以透過保單來進行資產移轉規劃時，只有「及早」及「正確」規劃，才可能達成真正的節稅功能。簡單來說，財務規劃如果越晚開始，以保險做為節稅手段的空間，將會越來越小。

此外，遺產若是要照顧子女生活，可以透過「保險金分期給付」或是「保險金信託」。假設考慮子女繼承了一大筆遺產，卻又擔心他們無法善用這筆遺產，可能很快就會花用殆盡，可以透過「購買『有分期給付功能』的保單」，或是「將遺產進行信託」的方式處理。特別是假如子女屬於身心障礙者，那麼透過「信託」的方式，會比單純買「有分期給付保單」更適合。

單從領錢人的角度來看，保險金分期給付與保險金信託，也許差異不大。但是，假設擁有遺產的人，只是為了確保拿到錢的子女不至於「一次敗光」，那麼可以透過「保險金分期給付」的方式來保障。然而，如果考慮到子女有身心障礙問題，這樣最好是採取「保險金信託」的方式，細節請見（表 5-9）所示。

表 5-9 保險金分期給付及保險金信託的優、缺點

	保險金分期給付	保險金信託
性質	保單（有信託「定期給付」的功能，但並非信託業務）。	信託
處理方式	新保單可在投保時約定；舊的保單可以透過批註方式，變更為分期給付。	預開型信託（信託尚未成立，待事故發生、保險公司支付理賠金，並匯入信託專戶中，才正式啟動信託）
優點	只需要向保險公司批註即可，不用再多支出一筆信託管理費。	可以在信託中設立信託監察人，協助確認每一筆給付，都有真正運用在沒有行為能力的受益人身上。
缺點	假設受益人沒有行為能力，或是對金錢沒有良好的控制能力，保險金分期給付完全無法解決問題。	因為屬於信託業務，所以，每年會有一筆信託管理費；且如果是找公益團體或法人擔任信託監察人，也需要額外支出一筆信託監察人的費用（但因為屬於預開型信託，所以在保險理賠金，未正式匯入信託專戶中生效前，還不用支付相關費用）。

資料來源、製表：李雪雯

> **權利你我他**

買保險可節稅，但不代表通通不用繳

　　雖然保險理賠金，並不屬於被繼承人的遺產，但是對於收到保險金給付的受益人來說，仍然是「有收到一筆錢」。所以雖然依《所得稅法》第 4 條第一項第七款的規定，免納所得稅。

　　但是自民國 95 年起所實施的《所得基本稅額條例》則規定：符合一定門檻的所得仍須繳納最低稅賦。所以依照該法第 12 條：「要保人≠受益人」的死亡給付，每一申報戶，全年合計數只有在 3,740 萬元以內（民國 114 年適用）才免除所得稅，超過部分仍須繳納所得稅（詳見下圖）。

　　假設民眾想提早規劃、處理基本所得額的限制，最好的方式就是「分散申報戶數」，例如在免稅額度內，分別設立不同納稅申報戶的子女或孫子女為受益人。

權利你我他

《所得基本稅額條例》規定的保險給付課稅

```
                          ┌─ 每一申報戶一年 ──── 免計入
                          │  3,740萬元以內        基本所得額
           ┌─ 死亡給付 ──┤
           │              │  每一申報戶一        超過部分，計
要保人 ────┤              └─ 年超過3,740 ────── 入基本所得額
≠受益人    │                 萬元以內
           │
           └─ 非屬死亡給付 ── 全數計入基本所得額

其他保險給付：健康險、傷害險、受益人＝
要保人壽險、年金險                         ── 不計入基本所得額
```

資料來源：https://www.eta×.nat.gov.tw/etwmain/ta×-info/understanding/ta×-q-and-a/national/individual-income-ta×/basic-ta×-question/scope/EV0rYml
繪圖：李雪雯

145

四、信託

根據《信託法》第 1 條的定義,「稱信託者,謂委託人將財產權移轉或為其他處分,使受託人依信託本旨,為受益人之利益或為特定之目的,管理或處分信託財產之關係」。

簡單來說,「信託」就是擁有財產的人(委託人),將自己的財產(例如現金、各種有價證券,甚至是不動產,交付給受託人(以商業信託為例,目前只限銀行及券商),由受託人依照當初委託人,與受託人所簽立的信託契約內容(依委託人的意思),進行財產的管理、分配及處理。

至於信託的成立,依照《信託法》第 2 條的規定,可以透過「契約」,或是「遺囑」的方式。後者的「遺囑信託」是指:「委託人以立遺囑的方式,為受益人的利益或公共利益,使受託人管理或處分信託財產」。但不論是以上哪一種,「信託」這項工具在資產移轉上,具有以下 3 大優點:

優點 1·由指定信託受益人,對財產擁有高度控制權。

透過信託擁有財產的委託人,不但可以指定信託的受益人(接受財產或獲得信託利益的人),還可以對信託財產的使用,保有高度的指揮及控制權。根據財稅專家的說法,雖然他益信託類似贈與行為,也就是「同樣是將財產,以契約的方式移轉給他人」,但在

實際的法律效果上,他益信託與贈與間,仍有相當大的區別。

首先,他益信託在信託契約成立時,信託財產是先移轉給受託人管理。依照《信託法》第 17 條的規定,他益信託的受益人在信託成立時,就享有信託利益。但是,委託人還是可以在信託契約中約定:受益人什麼時間,或什麼條件才能取得信託利益?而這,就與贈與行為的「直接將財產移轉給受贈人」大不相同。甚至,信託委託人還可擁有「保留變更受益人」的權利。

也就是說,他益信託委託人(贈與人)對於財產的控制權,會比單純贈與,要來得更大且具有彈性。因為在信託架構下,**擁有資產的人大可放心地將資產,先移轉給受託人管理,並指定受益人。假設受益人符合委託人所設定的條件,才可以享受信託利益**;如果不符合當初信託契約所訂的條件,受益人就拿不到信託利益,委託人還可以將信託利益取回,細節請見(表 5-10)所示。

5-10 他益信託 vs. 贈與的差異

	他益信託	贈與
財產移轉對象	受託人	受贈人
享有利益時間	契約成立時,但也可以指定延後	贈與當下
對象更換	可(委託人還可保留變更受益人的權利)	不可

資料來源:資誠企業管理顧問公司副總經理封昌宏
製表:李雪雯

簡單來說,遺囑信託就是遺囑,再加上一個信託,也就是立遺囑人除了立遺囑外,還同時將遺產成立信託,由受託人依立遺囑人

的意思，管理及分配遺產。過去，許多高資產者在生前，都不願放棄財產的控制權，且在其身故後，還想依其意志分配管理財產。這個時候，透過遺囑信託就是一種最佳的方式。因為，如果單單只有遺囑，只能算是一種「財產分配方式」而已。對於擁有資產的人（立遺囑人）來說，已經完全不能控制接收財產的人，要如何管理、運用或處分這些遺產？例如很多高資產者也擔心身故後，留給子女的錢會全都被新監護人虧空，又或是子女不善管理財產、任意揮霍，讓好不容易累積的財富，在短期內就敗光光。於是想要透過遺囑信託的方式，100% 掌控接受遺產的後代「應該如何進行運用」，甚至也可讓財富永久地傳承下去。

此外除了個人之外，屬於法人組織的企業也能透過信託，讓受益權及經營權分離，達到企業的長治久安。舉例來說，創業第一代大可在生前就將股權交付信託；或是就算創業者的股權，提早分配給所有的繼承人，也可以要求這些人，必須將所有股權統一交付信託，由受託人統一進行管理、運用及處分。

再不然，更可以透過遺囑信託的方式，將所有股權交付信託，並指定股權不得轉賣的時間，長達數十年之久。如此一來，便可以保證這些股權不會被轉賣、進入外人之手，進而影響到整個企業的經營與決策。而信託的這個「擁有高度控制權」的優勢，不但在委託人生前可行，甚至可以透過遺囑信託，在他身故後的許多年，仍可保有此一優勢，細節請見（表 5-11）所示。

表 5-11 遺囑 vs. 遺囑信託的差異

	遺囑	遺囑信託
繼承人自行管理財產能力	有	沒有，例如擔心繼承人不能自行管理財產（無行為能力），或是生活太奢華，有可能一次把財產都敗光。
成立後，對於財產的運用權。	有	有（但需依遺囑信託囑咐，透過指示受託人方式辦理）
法律效力	・自遺囑成立之後 ・遺囑本身必須有效	必須由遺囑執行人，將信託委託人遺產，移轉到信託專戶中。

資料來源、製表：李雪雯

優點 2・免除管理財產的煩惱。

這是因為委託人在成立（契約）信託之後，便將信託財產移轉給受託人進行管理及處分。管理財產其實是一門高度專業的學問，且如果是高資產人士，其名下的財產可能種類眾多，包括了不動產、股票、債券、共同基金、私募基金，甚至是黃金或藝術品等。以上資產的管理，都需要花費許多的精神與心力。假設擔心提早移轉，受贈人有可能管理不善，或是不符合贈與人的期待，就適合採用契約信託的模式。

優點 3・突破「遺產禁止處分、分割不得超過十年」的規定。

特別以不動產信託為例，由於國人持有不動產比例相當高，而透過信託的方式，可以輕易規避掉《民法》中，有關「遺產禁止處分及分割不得超過十年」的規定。《民法》規定遺產不能分割，期限最長就是 10 年。也就是說，遺產禁止處分在《民法》上是 10 年。

再以長榮集團的爭產糾紛為例，假設當初張榮發在所立遺囑中，再加上一個「信託」機制，並設定一定年期（例如50年）不得分割或處分，那麼，可能就不會有後續一堆爭產的糾紛產生。

儘管信託在資產移轉上具備三大優勢，但目前在實務操作上仍有其在資產傳承上的缺陷存在。首先，**不論在贈與稅或遺產稅上，信託都沒有太多「節稅」空間**。因為只要是他益信託（也就是委託人與受益人非同一人），在信託成立之初，委託人就得按規定，繳交該有的贈與稅。再以「信託標的是不動產」為例，其有一項優勢便是：在不動產移轉給受託人管理時，不用先繳納土地增值稅和契約，等到受託人將不動產，移轉給受益人時，才需要繳納土地增值稅契稅。只不過，在擬定信託契約後仍要申報繳納贈與稅，至於有關信託的稅負請見（表5-12、表5-13、表5-14）所示。

再以遺囑信託為例，也一樣沒有節遺產稅的功能。這是因為遺囑信託，必須等「委託人所立的遺囑生效」才會生效，且遺囑必須等到「委託人（立遺囑人）死亡」才發生效力。也就是說，當遺囑信託生效時，委託人必定已經死亡（所以又被稱為「死後信託」）。當然，也就一定會面臨被課遺產稅的問題。

且依照《遺產及贈與稅法》第3-2條第一項的規定：「因遺囑成立之信託，於遺囑人死亡時，其信託財產應依本法規定，課徵遺產稅」。所以，遺囑信託無法達到節遺產稅的效果。

其次，**除了生前就簽立契約信託，遺囑信託仍是不容侵犯，或違背《民法》特留分的限制**。由於遺囑信託使受益人在委託人去世

表 5-12 成立信託時，可能要承擔的稅負

	信託成立時	信託存續期間	信託結束時
贈與稅	・自益信託：× ・他益信託：委託人為自然人時，由委託人繳。	・由自益信託，變更為他益信託時，由委託人繳。 ・追加他益信託財產，由委託人繳。	×
遺產稅	遺囑信託立遺囑人死亡時應課遺產稅	受益人死亡時，信託財產要課遺產稅。	×
營業稅	×	不動產出租收益，由受託人繳營業稅。	×
所得稅	他益信託的委託人為法人時，由受益人繳。	受託人管理或處分信託財產的孳息或利得，由受益人繳交；若受益人不特定或尚未存在，則由受託人繳交。	×
地價稅	×	受託人為納稅義務人，但如果是自益信託，符合自用住宅用地條件者，適用自用住宅稅率。	×
房屋稅	×	受託人為納稅義務人，但如果是自益信託，且房屋供本人、配偶或直系親屬使用，適用自用住宅稅率。	×
土增稅	暫時不用繳	出售時，由受託人繳。	信託財產移轉給非委託人時要繳
契稅	暫時不用繳	出售時，由買受人繳。	信託財產移轉給非委託人時要繳

資料提供：資誠企業管理顧問公司副總經理封昌宏、深耕法律事務所羅翠慧律師
製表：李雪雯

後，才取得信託財產受益權，因而具有「遺贈」的性質。只要不是生前就贈與的資產，所有留到被繼承人身故後的財產，不論是透過繼承或遺贈或成立遺囑信託，全都不能侵害繼承人「特留分」。

表 5-13 信託贈與稅的計算

		委託人繳贈與稅
全部他益		（FV－免稅額）＊稅率
不動產他益、租金自益		（PV－免稅額）＊稅率
不動產自益、租金他益	租金固定	（按每期可領取之租金折現－免稅額）＊稅率
	租金不固定	〔（FV－PV）－免稅額〕＊稅率

說明：FV 是「終值」，PV 是「現值」

資料提供：資誠企業管理顧問公司副總經理封昌宏
製表：李雪雯

表 5-14 信託遺產稅的計算

		委託人身故	受益人身故
全部他益		×	信託財產（FV）計入遺產課稅
不動產他益、租金自益		租金（FV－PV）計入遺產課稅	信託財產（PV）計入遺產課稅
不動產自益、租金他益	租金固定	信託財產（FV）	租金（FV－PV）（FV－PV）計入遺產
	租金不固定	按每期可領取之租金折現計入遺產	

註：$PV = FV/(1+r)^t$

資料提供：資誠企業管理顧問公司副總經理封昌宏
製表：李雪雯

五、夫妻剩餘財產差額分配請求權

　　簡單來說，夫妻剩餘財產差額分配請求權的有無，具有以下兩大重要功能。首先，**這個優先於遺產分配的權利，等於是配偶之一方身故時給另一半的退休生活費，避免日後必須跟子女們伸手要錢。**

　　特別是對於沒有生養小孩的頂客族而言，假設另一半非常不甘願與另一半的家人，一同平分另一半的遺產，那麼最好的辦法就是先行主張「夫妻剩餘財產差額分配請求權」。

　　其次，**它具有一定的節稅效果。**這是根據《遺產及贈與稅法》第 17-1 條第一項的規定：「被繼承人之配偶依民法第 1030-1 條規定，主張配偶剩餘財產差額分配請求權者，納稅義務人得向稽徵機關申報自遺產總額中扣除」，可降低遺產稅的負擔，並具有節稅的效果。然而，透過此一請求權，以進行各種資產移轉規劃時，除了要注意必須是「法定夫妻財產制關係消滅時（例如離婚，或配偶一方死亡）」，才適用夫妻剩餘財產分配的請求以外，還有以下幾大重點要注意：

　　重點 1．要確實給付夫妻剩餘財產分配，否則就不能免除遺產稅。因為根據《遺產及贈與稅法》第 17 條之 1 第二項的規定：「納稅義務人未於稽徵機關核發稅款繳清證明書或免稅證明書之日起一年內，給付該請求權金額之財產予被繼承人之配偶者，稽徵機關應於前述期間屆滿之翌日起五年內，就未給付部分追繳應納稅賦」。

簡單說，生存的配偶必須確實拿走另一半 1／2 的剩餘差額財產，否則就會被國稅局追繳遺產稅。

重點 2．死亡前二年的贈與算遺產，要計入課稅。假設配偶（被繼承人）在死亡前 2 年贈送財產給另一半，依據《遺產及贈與稅法》第 15 條的規定，這仍將併入被繼承人的遺產總額，而課徵遺產稅（若中途離婚，則可不用重新計入遺產中）。

更重要的是，由於贈與屬於「無償取得」，所以這筆錢並不會被計入被繼承人的婚後財產中，反而會降低先死亡被繼承人的婚後財產，導致配偶可以請求的「剩餘財產差額分配金額」減少。

重點 3．夫妻間贈與免稅，但離婚後就要課稅！然而，離婚夫妻只要在離婚協議或法院判決書上，寫明「是約定要給對方的財產」，這樣一來依照財政部之前的函令解釋，就可以不課徵所得稅與贈與稅。只不過，收到不動產的一方在未來出售房地產時，仍然要被課徵房地合一稅。

重點 4．遺產稅可能只是「延後繳納」而已。雖然此請求權可以發揮一定的「節遺產稅」效果，但要注意的是：等到主張此一請求權的配偶也過世時，由於這筆錢未曾繳交遺產稅，所以當繼承人繼承到這筆遺產時，該繳的遺產稅依舊是「跑不掉」（可參考最高行政法院 108 年度大字第 1 號裁定）。

重點 5．此一權利只有生存的當事人才能主張。根據《民法》第 1030-1 條的規定，夫妻財產剩餘差額分配請求權屬於「只有當事人，才得以主張」的「一身專屬權」，依法不能讓與或繼承，所以只有「生存」且「剩餘財產比較少」的配偶，才可以取得及主張。

六、投資（控股）公司

前面曾經提到，根據經濟部發布《2024 年中小企業白皮書》，我國中小企業家數在 2023 年突破 167.4 萬家，創歷年新高，佔全體企業達 98% 以上。而且，這些中小企業中，幾乎都是所謂的「家族企業」，也就是創業者或是其家族成員（配偶子女或其子嗣）在公司擁有過半數的投票權；且至少一位以上的家族成員，在公司擔任經營管理職務。且有一半以上的企業主，年齡已超過 50 或 60 歲，更突顯出中小企業「傳承」問題的刻不容緩。

何況企業股權傳承與一般個人所擁有，且可 100% 自由支配的資產，像是現金、不動產或有價證券等相比，問題複雜許多。這是因為「企業」並不是個人資產，它在法律上是一個獨立個體。而公司的所有資產與負債都是屬於「法人」擁有，並不屬於任何人。一般自然人所能擁有的，只是透過「擁有公司股份」的「經營權」。所以，中小企業主要順利且成功地移轉公司股權，就必須確保「經營權」能交棒到對的人身上，否則便有可能讓企業發生經營危機。

依照《公司法》的定義，股份有限公司執行業務是透過董事會的決議而來，且股份有限公司董事的選任及解任，都必須經過股東會的決議。其中有關主要資產處分、董事解任、變更章程、解散、合併等程序，更是需要經過「已發行股份總數 2／3 以上股東出席」，

並且有「出席股東表決權過半數同意」才行。

所以，假設只是擔任企業負責人，單單是掌握董事會，固然可以主導公司一般業務執行，但如果沒有掌握多數股權，在野的股東也可隨時改選董事、改朝換代；又例如即使掌握過半的股權卻未達 2／3 時，少數的股東仍可透過手中握有的 1／3 表決權，針對主要資產處分、變更章程等特別決議事項進行杯葛，進而干擾公司的正常經營（「特別決議」必須「已發行股份總數 2／3 以上股東出席」。換句話說，少數股東只要掌握超過 1／3 股份，便可透過不出席的方式讓特別決議無法成立）。

那麼，為了避免公司股權因為連續數代繼承而分散，影響企業的正常經營。中小企業主在進行資產傳承時，是否可以運用個人的工具？又或是有其他特殊且好用的標的？

單以企業來看，資產傳承的工具，除了個人可以使用的「遺囑」、「信託」及「遺囑信託」外，還可以使用「基金會」、「公益信託」、「控股（投資）公司」、「家族憲法」、「家族議會」、「股東協議書」、「閉鎖性公司」及「家族辦公室」等選項。只是根據個人在實際採訪的經驗裡，以上企業可以運用的工具中，也同樣適合中小企業的標的，幾乎只有「投資（控股）公司（特別是「閉鎖性公司」）」，成立的成本還算低。其餘幾項，幾乎都是「大型」或「超大型」企業，才能夠「玩得起」的。

以投資（控股）公司為例，其好處除了「便於家族傳承企業給下一代」，同時又能「掌握公司控制權」外，還能有節稅的好處。

這是因為原本由個人持有的股票,在獲配大額股利時,將會被課徵最高 28% 的所得稅。但是由於國內公司投資其他國內公司所獲得股利,原就免繳營利事業所得稅,所以,投資(控股)公司如果想保留盈餘、不分配,那麼只要繳 5% 的未分配盈餘所得稅就好。

正因為投資(控股)公司既能節稅,又能集中控管家族的資產,也難怪有越來越多企業的大股東,紛紛成立家族的投資(控股)公司,以此當作家族企業傳承的工具,細節參見(圖 5-3)所示。

圖 5-3 成立投資(控股)公司目的

成立投資(控股)公司目的

隔離風險
將家族企業風險,與個人資產隔離,降低家族企業失敗,對個人財產的影響。

財務管理
以財務管理中心的角色,協助家族企業進行財務規劃與投資管理。

稅務規劃
可以有效降低家族企業的稅務負擔,提升企業盈利能力。

傳承規劃
將投資(控股)公司股權,傳給下一代,避免因繼承而引起家族內部爭端。

資料提供:資誠企業管理顧問公司副總經理封昌宏
繪圖:李雪雯

七、閉鎖性股份有限公司

自 2018 年《公司法》修法之後，閉鎖性股份有限公司（以下簡稱「閉鎖性公司」）便成為熱門的家族企業傳承工具。彙整專家的說法，其主要原因在於：閉鎖性公司具有公開發行公司，所欠缺的以下幾個特殊設計：

1．可以限制股權轉讓。

不同於一般股份有限公司股權，可以「自由轉讓，不得以章程禁止或限制之」，閉鎖性公司的章程卻可以訂定限制轉讓條款。這樣的做法，將可以保障家族所有的公司股權，不會在「未經其他股東（家族成員）的同意」之下，轉到不相干的外人手裡。

2．可以發行種類多元的特別股。

根據《公司法》第 356-7 條的規定，閉鎖性公司可以發行特別股，像是「複數表決權股」的特別股（即一股可以多權）、「對特定事項否決」的特別股（俗稱「黃金股」，例如對解任董事監察人、變更章程、增減資、公司解散合併分割、出售重大財產等議案有否決權）、「保障當選董事席次、限制，或禁止當選董事監察人、轉讓限制等內容」的特別股。

3．股東人數有限制。

根據《公司法》第 356-1 條的規定，閉鎖性公司的股東人數不

超過 50 人。正因為這樣的設計，才會讓公司的股權不至於「過度分散」；在此同時，公司也不會在公開發行後，喪失財務業務的資訊保密性。

4．盈餘分配更加彈性。

在《公司法》第 228-1 條修法後，企業可以在章程內規定：「每季或每半」會計年度的盈餘分派，或彌補虧損（過去《公司法》規定的盈餘分配是「每年」）。如此一來，便可以讓家族企業在盈餘管理上，有更具彈性的安排，讓未參與經營的家族成員，縮短到每季或每半年，就能拿到股利。

5．共同行使股東表決權，或成立股東表決權信託。

《公司法》第 175-1 條第一項規定：「股東得以書面契約約定共同行使股東表決權之方式，亦得成立股東表決權信託，由受託人依書面信託契約之約定行使其股東表決權」。

此外，該法第 356-9 條第一項也規定：「股東得以書面契約約定共同行使股東表決權之方式，亦得成立股東表決權信託，由受託人依書面信託契約之約定行使其股東表決權」。這樣做的好處是：企業能夠以此匯聚相同理念的家族股東，達到所需的表決權數。

6．可不設置董事會。

根據修正後的《公司法》第 128-1 條，公司得在章程中規定「不設置董事會」或是「只設置董事一人或二人」，如此一來，能讓公司在治理上，更務實及具有彈性。

7‧只能「發起成立」，不能募資成立，也不允許信用出資。

依照《公司法》第356-3條第一項規定，閉鎖性公司只能以「發起」方式設立，不得以「募集」方式成立；且應取得全體發起人同意，並且「全數認足」第一次應發行的股份。

此外，依《公司法》第356-3條第二項規定，在2018年修法後，閉鎖性公司已經不得用「信用」出資，只能以「現金」及公司事業所需的「財產」、「技術」或「勞務」抵充，而「勞務」抵充的股數，則不得超過公司發行股份總數的一定比例。

8‧股東會召開及表決權行使更靈活。

閉鎖性公司在其股東會的召開及表決權的行使《公司法》中，有以下較靈活的規定：

（1）召開股東會：依《公司法》第356-8條第一項的規定，閉鎖性公司的股東人數不必多，且也容許以「視訊會議」，或是其他經中央主管機關公告的方式進行（但必須在先在「章程」中訂立）。

（2）行使表決權：依《公司法》第356-8條第二項及第三項規定，假設閉鎖性公司的「章程」，容許經「全體股東同意」，股東可以就當次股東會議案以「書面方式」行使表決權，而不用進行實際的集會，且依法被視為「已召開股東會（書面方式行使表決權的股東，被視為親自出席股東會）」。

綜合來看，正由於閉鎖性公司具有以上幾大特殊設計。因此，它在企業進行股權移轉時，就能發揮以下的幾大功能，請見（表5-15、圖5-4）所示。

表 5-15 有限公司與股份有限公司、閉鎖性股份有限公司差異

	閉鎖性股份有限公司	股份有限公司	有限公司
股東人數	不超過 50 人	自然人：2 人以上 法人：1 人以上	自然人：1 人以上
決議機關	股東會	股東會	—
業務機關	董事會	董事會或董事	執行業務股東（董事）
董事	至少 1 人	設董事會：至少 3 人 不設董事會：至少 1 人	1 至 3 人
股東會決議或決策方式	原則上每股一表決權，但得發行限制無表決權、具有複數表決權或特定事項表否決權或得當選一定董監人數的特別股。	原則上一股一表決權，但特別股得限制無表決權。	・一人一表決權、或約定按出資額多寡比例分配。 ・原則上以股東表決權過半同意。
公開發行	非公開發行（《公司法》第 356-1 條）	《證交法》規定，只有股份有限公司可以「公開發行」，並對不特定人募資。	無法公開發行

註：有限公司可以升級為股份有限公司，但股份有限公司，不能降級為有限公司

資料提供：深耕法律事務所羅翠慧律師
製表：李雪雯

圖 5-4 閉鎖性公司的特殊功能

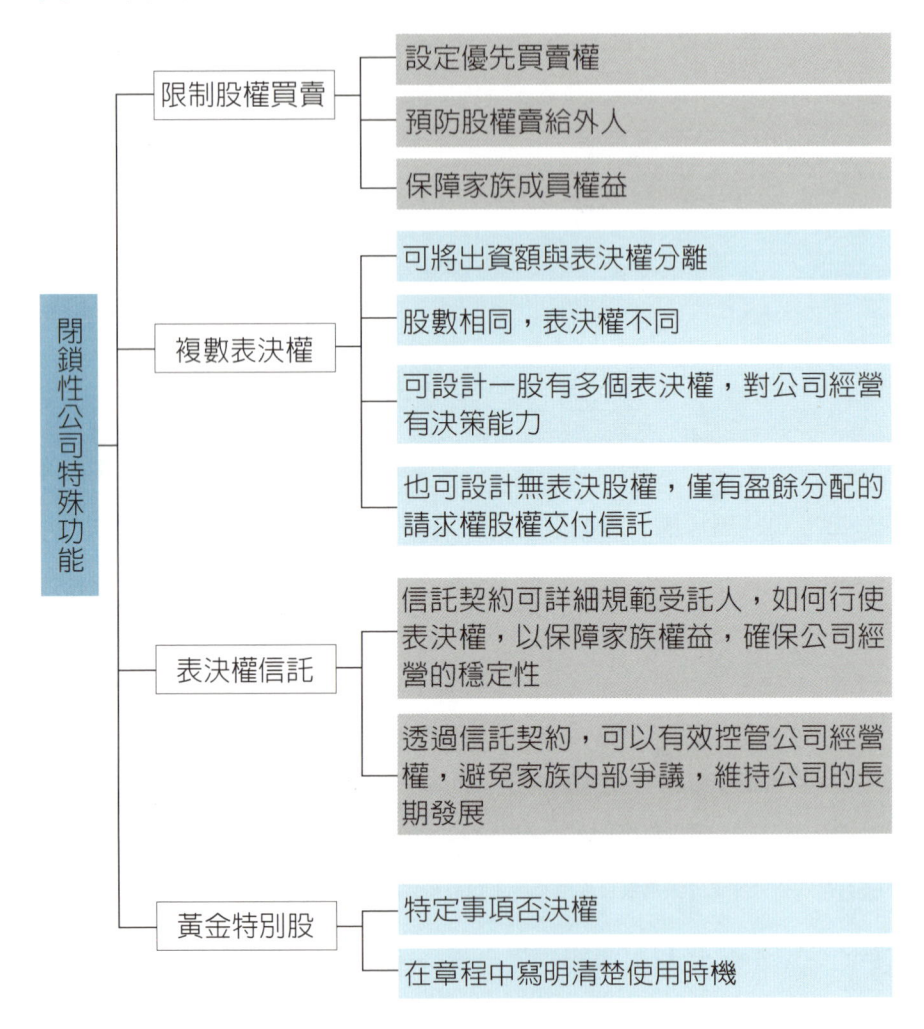

閉鎖性公司特殊功能

- **限制股權買賣**
  - 設定優先買賣權
  - 預防股權賣給外人
  - 保障家族成員權益

- **複數表決權**
  - 可將出資額與表決權分離
  - 股數相同,表決權不同
  - 可設計一股有多個表決權,對公司經營有決策能力
  - 也可設計無表決股權,僅有盈餘分配的請求權股權交付信託

- **表決權信託**
  - 信託契約可詳細規範受託人,如何行使表決權,以保障家族權益,確保公司經營的穩定性
  - 透過信託契約,可以有效控管公司經營權,避免家族內部爭議,維持公司的長期發展

- **黃金特別股**
  - 特定事項否決權
  - 在章程中寫明清楚使用時機

資料提供:資誠企業管理顧問公司副總經理封昌宏
繪圖:李雪雯

截至目前為止，國內最有名且最成功的的閉鎖性公司的範例，就是昔日的股王－大立光。它自 2018 年開始便陸續申報轉讓持股，總計林氏家族成員一共**轉讓**了一萬多張大立光持股，直到成立閉鎖性控股公司－茂鈺紀念股份有限公司為止。待股權轉讓完成之後，茂鈺紀念股份有限公司就成為大立光第一大法人股東，再經過幾次持股申讓之後，林氏家族所持有的「茂鈺」公司，約持有大立光 14% 的股權。

據了解，當初大立光的創辦人－林耀英之所以成立閉鎖型公司，一方面是希望林家子孫能認真工作、純領薪水，而不要依賴股利過生活；另一方面，也希望公司的股權穩固，為其長遠的發展奠定基石，更可讓員工安心工作。

以上 6 種，是一般非超高資產族群或大企業主都可以使用，且方便有效的資產移轉工具。但讀者別忘了，工具及方法有很多種，也各有其優、缺點（請見下表）。更不要忘了，不同資產會隨著其運作的特性、**擁有**財產者的資產規模大小，以及其想法、需求，還有承受者管理財產能力等因素，而交叉衍生出最適當的移轉工具。

所以接下來我們將從不同資產的角度，與不同資產移**轉**工具及方法，進行交互的搭配運用，請見（表 5-16）所示。

表 5-16 六種資產移轉工具優、缺點比較

	優點或特色
贈與	・可不受《民法》特留分的限制 ・提早且分年贈與，可以減少計入遺產總額，達到一定節遺產稅效果 ・每人每年贈與有 244 萬元免稅額。
遺囑	・在不影響《民法》有關特留分規定之下，可以隨意指定遺產繼承的比重，而不限於有繼承權之人。 ・讓繼承人了解財產的分配比例及想法，而不是讓子女自行處理分配問題。 ・可指定給外人，例如公益團體，讓資產最後不至於收歸國庫。
保險	・可避開《民法》中，有關「特留分」的規定。 ・預留稅源繳稅 ・保險理賠金（但必須是要保人＝被保險人＝被繼承人），不計入被保險人遺產中，可減少計入遺產總額數字。
信託	・將實質財產，轉為信託受益權，有利分配及分割（特別是「不動產」）。 ・可依照委託人的旨意，決定信託財產的分配與運用。 ・可以讓信託資產的使用，按個人的意願進行。
夫妻剩餘財產差額分配請求權	・優先於遺產分配 ・可以減少計入遺產，達到一定節稅效果。
閉鎖型公司	・可以限制股權轉讓 ・可以發行種類多元的特別股 ・股東人數有限制 ・盈餘分配更加彈性 ・共同行使股東表決權，或成立股東表決權信託。 ・可不設置董事會 ・股東會召開及表決權行使更靈活

說明：信託可與「贈與」、「遺囑」及「保險」進行搭配

資料來源：深耕法律事務所羅翠慧律師、資誠企業管理顧問公司副總經理封昌宏
製表：李雪雯

	缺點
	・喪失對財產的控制權,且收到的子女若不擅理財,錢很快就會不見。 ・與遺產稅相比,免稅額相對低很多 ・死亡前 2 年的贈與,還是會被列入遺產中課稅。 ・分配若不公平,仍有可能引發子女間的紛爭。
	・無法避開《民法》中,有關「特留分」的規定。 ・遺囑有效性的風險。 ・最好指定能搞定所有法定繼承人的人,來擔任遺囑執行人,以免遺囑窒礙難行。例如,繼承人如果有不滿遺囑的分配方式,而拒絕或抵制遺產事務進行時,只要遺囑有指定遺囑執行人,因遺囑執行人在法律上,視為繼承人的代理人,仍得以繼承人的代理人身份,繼續執行遺產相關事務(像是遺產申報、遺產登記等)的進行。 ・繼承人必須有繳遺產稅的能力
	・年紀大、體況差時,很難買到高額保單,且會有國稅局「實質課稅」風險。 ・沒有買對保單、保險關係人(要保人、被保險人及受益人)的設定錯誤,也可能達不到原有效果。 ・管不到拿到錢的人,是不是能善用這筆錢? ・大筆資金會押在收益極低的標的上,造成資金運用的無效率。
	・只有生前贈與(成立他益信託),才能避開《民法》中,有關「特留分」的規定。 ・該繳的贈與稅或遺產稅,一樣跑不掉。
	・請求權有時效性 ・只限法定財產制才可以行使 ・只有生存的當事人,才可以主張或行使此一請求權。
	・無法公開發行 ・股權變現不易 ・經營權由特定人控制 ・無法對外募資

Chapter 6

資產 vs. 工具的完美搭配

- 組合1 不動產
- 組合2 有價證券
- 組合3 現金
- 組合4 其他：有形的珠寶古董藝品，以及無形的著作權或專利權

一、不動產

在進行資產移轉規劃時，移轉標的物的「資產」也可依「資產類別」，區分為現金、債券、股票、基金、不動產等。事實上，就算是股票或不動產，在處理及移轉規劃考量上，也還會因為是「上市櫃」與「未上市櫃」，或是「自住」、「出租」的目的而有所不同。甚至，未上市股票還會因為「單一股東」與「股東眾多」，其在實際的規劃上產生一定的差異，詳請可見（圖 6-1）所示。

圖 6-1 依不同資產類型進行移轉規劃考量

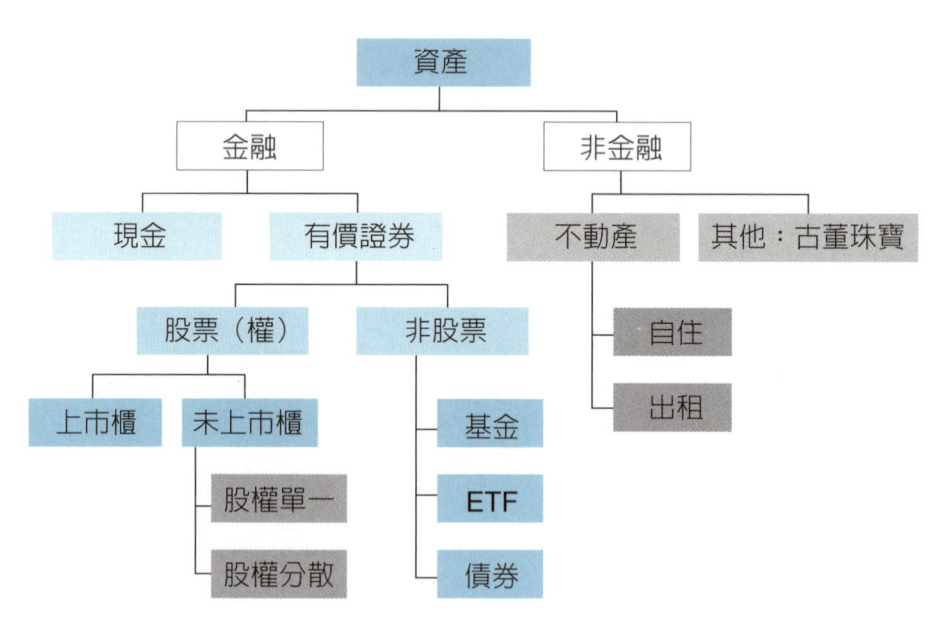

```
                        資產
                ┌────────┴────────┐
               金融              非金融
         ┌──────┴──────┐     ┌────┴────┐
        現金        有價證券  不動產   其他：古董珠寶
              ┌──────┴──────┐   ├─自住
            股票（權）    非股票  └─出租
          ┌───┴───┐      ├─基金
        上市櫃  未上市櫃   ├─ETF
                ├─股權單一 └─債券
                └─股權分散
```

資料來源：全資產規劃應用公司負責人劉育誠
繪圖：李雪雯

舉例來說，假設民眾手中同時擁有不動產及有價證券，且又以「節遺產稅」為最大考量時，那麼專家認為最好的方式是：先在生前就將股票移轉（贈與），或是針對有價證券成立一個信託，以便對有價證券保有一定的控制權；至於不動產，由於具有非常高的價值「濃縮」效果（房屋及土地，都按比市價低非常多的「評定現值」及「公告現值」計算），再加上如果符合「房地合一舊制」的話，甚至還有「免土增稅」的優惠，所以比較適合走「死後繼承」的方式。

又例如在確認「得適用舊制」的不動產之後，由於納稅者可以選擇對自己最有利的制度。所以接下來，就要檢視並計算適用新制、舊制的不動產，哪一個比較節稅？

在全球華人的心目中，不動產除了可供居住之外，更因為具有「保值」、「固定收取租金（有穩定的現金流）」，以及「賺取價差」的功能，才成為個人或家庭資產當中，佔比很高並且相當重要的資產類別。特別是在台灣，由於不動產在遺產及贈與稅的價格計算上，是採取遠低於市價許多的「公告現值（土地）」及「評定價格（房屋）」，自然成為許多希望節更多遺、贈稅者的最佳工具。

記得之前，台北市曾發佈過一份人口與房屋持有者年齡分佈的資料。當時，50歲到69歲的人口佔比不到3成，卻持有超過5成的房屋。若以每10歲為一個間距，則又以60至69歲的人持有房屋的佔比最高，甚至每4戶住宅中，就有1戶屋主的年齡是60歲至69歲；且70歲以上的屋主佔比更是將近2成。可以這麼說，不動產的資產移轉規劃，幾乎是每一位擁有財產的人都必須面對的課題。一般來

說，不動產的移轉可以使用以下 4 種方式或工具來進行：

方式一、繼承

假設擁有資產的人在生前未做任何打算，日後其所擁有的財產，便會在身故後走「繼承」的方式，移轉給擁有繼承權的人。

記得個人之前在上專業課程時，授課老師便曾再三強調：在進行不動產移轉前，一定要先釐清移轉與否的利弊得失。因為針對不動產的繼承人，中華民國相關稅法會有以下 4 大特殊「優惠」：

優惠 1・不論是繼承或遺贈，都免土地增值稅（參考《土地稅法》第 28 條）。

要知道，不動產中價值最大的一部分，是「土地（持分）」，而不是會年年折舊的「房屋」。假設能免掉土地增值稅，持有人就會有蠻大的節稅效益。

優惠 2・不動產在遺產稅中的價值計算，是依照價值較低的「法定價值（土地按「公告現值」、房屋按「評定現值」）」，而非較高的「時價（市價）」（參考《遺贈稅法》第 10 條第三項）。

優惠 3・可選擇適用「房地合一舊制」。

假設要移轉的不動產，是屬於民國 105 年 1 月 1 日「房地合一新制」實施前的標的，只要不買賣或贈與，而是經過繼承而移轉（取得），那麼仍然適用稅賦較輕的「房地合一舊制」。未來再賣出時，土地部分可以免繳土地增值稅，只有房屋部分的差價，需要列入個人綜合所得中，課徵「財產交易所得稅」。況且新、舊制的稅負差異甚大，建議大家務必弄清楚箇中差異，細節可參考（表 6-1）。

表 6-1 不動產適用房地合一新、舊制的稅負差異比較舉例

	2016.01.01 之前買價	賣價
土地	500 萬元	1,500 萬元
房屋	200 萬元	320 萬元
折舊攤提		30 萬元
土地漲價總數額（土地增值稅稅基）		300 萬元

	舊制	新制
土地	0 （因舊制已繳過土地增值稅）	賣價（1,500+320）－成本（500+200-30）－稅基（300） ＝ 1,150 萬元
房屋	320－（200-30）＝ 150	
繳稅	150 萬元	1,150 萬元

資料來源、製表：李雪雯

圖 6-2 免徵土地增值稅標的

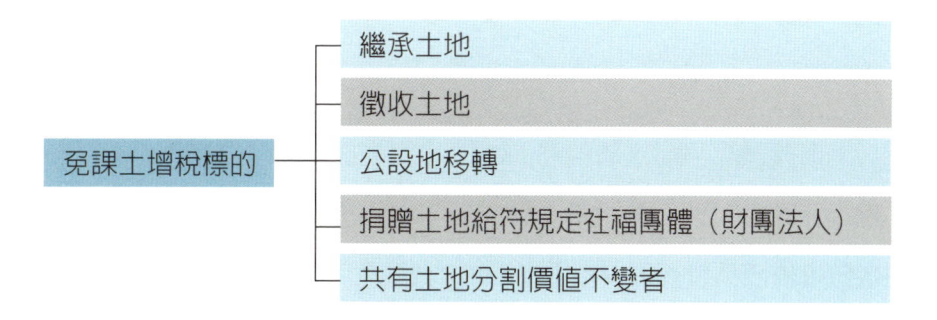

免課土增稅標的
- 繼承土地
- 徵收土地
- 公設地移轉
- 捐贈土地給符規定社福團體（財團法人）
- 共有土地分割價值不變者

資料提供：資誠企業管理顧問公司副總經理封昌宏
繪圖：李雪雯

圖 6-3 緩課土地增值稅情形

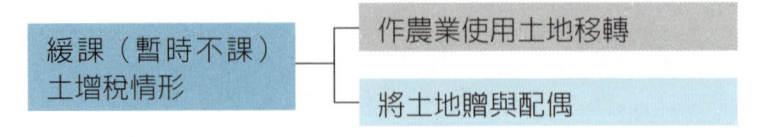

緩課（暫時不課）土增稅情形
- 作農業使用土地移轉
- 將土地贈與配偶

資料提供：資誠企業管理顧問公司副總經理封昌宏
繪圖：李雪雯

圖 6-4 不動產財產交易所得計算

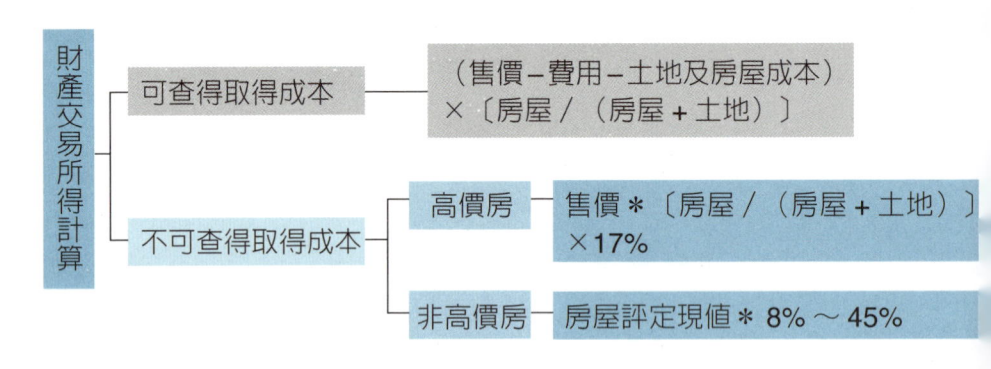

財產交易所得計算
- 可查得取得成本 → （售價－費用－土地及房屋成本）×〔房屋／（房屋＋土地）〕
- 不可查得取得成本
  - 高價房 → 售價＊〔房屋／（房屋＋土地）〕×17％
  - 非高價房 → 房屋評定現值＊8％～45％

資料提供：資誠企業管理顧問公司副總經理封昌宏
繪圖：李雪雯

根據財政部高雄國稅局的說法，個人出售繼承取得不動產，納稅人在計算房地合一稅時，購入成本中的房屋評定現值、公告土地現值可依照消費者物價指數（CPI）調整認列，由於可提高可扣除成本，便能降低房地合一稅的負擔，細節請見（圖6-2、圖6-3、圖6-4）。

優惠 4．假設不動產有抵押借款，還更能省稅，甚至不用繳遺

產稅（有關這部分，請見表 6-5）。

說實在的，有關不動產的課稅項目及內容十分繁雜（參見表 6-2、表 6-3），目前相關法規對於不動產「無償移轉（贈與、繼承與遺贈）」的稅負優惠、減免，以及不同種類不動產的「免稅」、「免徵」、「減徵」及「緩徵」的相關規定，實在真有逐一弄清楚的必要。

由於不動產中，土地最為值錢。所以簡單來說，不動產如果採「繼承」方式移轉，最大的優點之一就是能夠免去大筆的土地增值稅，特別是如果這些不動產持有的時間已經「有點歷史」時⋯⋯

因為依照《土地稅法》第 28 條但書後段的規定：「⋯⋯因繼承而移轉之土地，免徵土地增值稅」。所以，因繼承而由繼承人取得土地所有權時，就算所持有的土地漲幅很大，繼承人依法仍不需負擔土地增值稅。且繼承人若在繼承這筆不動產後再賣出，會以「繼承開始時的價值」來計算土地增值稅。如此一來，便可以節省許多土地增值稅。

不動產除了「走繼承，可以免土地增值稅」的優點外，還有就是因為遺產稅相對來說，擁有較高的免稅額及扣除額。假設有一位配偶及兩位成年子女，單單是免稅額就有 1,333 萬元，配偶及兩位子女的扣除額更分別有 553 萬元及 112 萬元（每人 56 萬元，以上金額均為 2025 年適用），加總起來就有將近 2,000 萬元的節稅空間。

反觀若以贈與稅為例，每對父母親每年就只有 244 萬元的免稅額，實在差很大。但是即便如此，針對不動產移轉，若單純只想走繼承一途，也是有缺點要注意的。

表 6-2 不動產無償移轉（贈與、繼承、遺贈）

	贈與	繼承	遺贈
土地增值稅	受贈人繳納	×（過去土地漲價總數額歸零）	受遺贈人要繳納，但繼承日與遺贈登記同一年度，無須繳納土增稅。
契稅	受贈人繳納	×	×
遺產稅	×	繼承人繳納	繼承人要先繳納，後再贈與
贈與稅	贈與人繳納（夫妻間互相贈與不課徵）	×	×[1]
印花稅	協議繳納		

[1] 參照財政部臺灣省北區國稅局 1998.03.17 北區國稅二第 87071114 號函（公布修正日期為 1998.03.17）

資料提供：資誠企業管理顧問公司副總經理封昌宏、深耕法律事務所羅翠慧律師
製表：李雪雯

表 6-3 各種類型「不動產」的稅負優惠及減免

	土增稅	贈與稅
免稅或優惠	自用住宅稅率 10%（一生一屋及一生一次）、重購退稅	贈與人每人每年 244 萬元內免稅
免徵	捐公益團體、（區段）徵收地、繼承	夫妻贈與、夫妻財產差額請求權
減徵	重劃、區段徵收第一次移轉	—
緩徵	重劃或區段徵收後第一次移轉、配偶相互贈與、夫妻財產剩餘請求權（包括配偶一方死亡或離婚）、公共設施保留地、農地	—

註：以上案例已排除政府機關、學校、農林漁牧或公業事業等房屋。

製表：李雪雯

「公同共有」的問題

首先,最常遇到的問題便是「公同共有」的問題。在法律上的定義,「共有」是指:同一所有權,而有多數權利主體。講白了就是一項財產由多人所共同擁有,而這種制度通常是因為「繼承」而來。

特別是如果繼承人有多數人時,繼承不動產後,這筆不動產就形成「公同共有」。一旦繼承人之間對於此項不動產的處分出現不同意見時,「管理不動產」就會成為所有繼承人間的重大矛盾來源。一般來說,不動產的所有權形態有「單獨所有」及「共有」之分,而共有又可分為「分別共有」與「公同共有」。「分別共有」是指:共有人按其「應有部分(持分)」,對於不動產有所有權(參考《民法》第 817 條);至於「公同共有」,則是「依法律規定、習慣或

遺產稅	房屋稅
公設地不計入遺產總額、農用農地列遺產總額扣除額	1.2%:3 戶以下、社宅、使用權房屋 1%:全國單一戶
—	因重大災害,毀損面積逾 5 成,或政府配給貧民居住,房屋現值在 10 萬元以下。
—	・政府平價配售平民住宅 ・重大災害毀損達 3 至 5 成
—	—

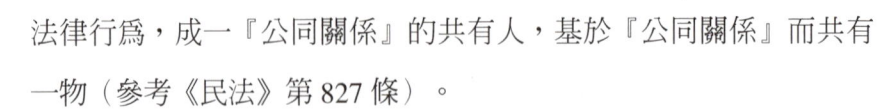

法律行為，成一『公同關係』的共有人，基於『公同關係』而共有一物（參考《民法》第827條）。

至於不動產若無法「分割」，繼承人之間又意見分歧，那麼專家建議可以這樣做！

由於不動產在繼承後，未經分割之前，通常都是維持「公同共有」的狀態，所以過去便經常發生：有人想繼續住，有人卻想收租或是乾脆賣掉不動產來換現金，然後再均分。

像以上這種，若有一位以上的繼承人來共同繼承一個不動產，且在不動產處分（自住、出租或出售）上，又無法達成共識時，專家給予的最佳建議就是：被繼承人（例如父母）在遺囑中寫明：不動產由某一需要居住的繼承人繼承，再由此繼承人用現金，來補貼給其他幾位未繼承此一不動產的繼承人。

舉例來說，名下只有一間舊公寓的張三，有兩個兒子，小兒子想繼續住在老公寓中，但大兒子則已經自己買房子了。所以，他可以在遺囑中寫明（而且最好是在生前就要跟兒子們講清楚並確認）：老公寓由小兒子繼承，並由他拿現金（若沒有現金，則可以用房子去抵押貸款）補貼大兒子沒有拿到該不動產的應繼分損失，細節參見（表6-4）所示。

依《民法》第1151條「繼承人有數人時，在分割遺產前，各繼承人對於遺產全部為公同共有」的規定，如果被繼承人的遺產中有土地，而繼承人超過2人，且都沒有拋棄繼承，這筆土地在繼承發生時，就是繼承人「公同共有」的關係。

表 6-4 不同申請繼承登記型態，對於後續共有物的處理

申請繼承登記之型態	公同共有	應繼分	分割繼承
是否須全體繼承人出面申請	×（其中一人即可）	○	○
是否須登記給全體繼承人	○	○	×，可協議由一人或數繼承人取得。
是否須附印鑑證明、蓋印鑑章	×	×（全體便章）	○
可否自由處分各自之應有部分	×，公同共有人間無各自之應有持份，處分應得公同共有人全體同意。	○，各共有人得自由處分其應繼分。	○，各共有人得自由處分其應繼分。
遺產稅繳納	可分單（可向國稅局申請按其法定應繼分繳納部分遺產稅），但全體繼承人仍負連帶責任。	需全部繳納	需全部繳納

資料來源：https：／／www.landlegacy.com.tw／page／news／show.asp×?num＝171&lang＝TW
製表：李雪雯

那麼，這種「公同共有」制度會造成什麼問題呢？

舉例來說，假設 3 位子女共同繼承老爸的一間不動產，那麼這 3 位子女對此不動產的應繼分就是「1／3」。也就是說，不動產就是由 3 人「公同共有」。

假設其中一位子女想要自由處分這個不動產的潛在應有部分，那麼就必須另外進行遺產分割（達成分割協議，或是聲請法院裁判

分割），將公同共有的財產轉變成「分別共有」，由 3 位子女各先取得 1／3 的應有部分。之後，任何一位子女才能夠對外賣出其持有的 1／3（當然，其他兩位子女，具有優先承買權）。

甚至是，如果公同共有的不動產，未繳納應繳的稅負，不動產還有可能被「強制執行」來清償稅捐債權。因為根據國稅局的說法，公同共有土地若未設管理人時，則是以「全體公同共有人」作為納稅義務人，公同共有人可以提供繼承系統表等相關資料，向稅務單位申請，按各公同共有人約定之比例，或是潛在應繼分來分單繳納地價稅。不過稅務局仍強調，即便申請分單繳納，公同共有人對於「整筆應納稅額」仍要負連帶責任。也就是說，假設其他公同共有人未繳納稅額，並經移送強制執行時，行政執行分署會優先執行未繳納的共有人；一旦執行未果，依法仍可就「已分單繳納者」的財產強制執行，藉以清償稅捐債權。

更麻煩的是，不論是「公同共有」還是「分別共有」的狀態，以上任何一位子女，假設要賣出或出租整個不動產，都要以「共有人過半數」，再加上「其應有部分合計過半數（但如果應有部分合計超過 2／3 時，就不需要「人數過半」的條件）」的同意，才能出賣或出租（參見《土地法》第 34-1 條）。然而，每一位繼承人可能對於不動產價值的認定不一，例如有人想要趕快賣掉套現，有人還想等待都更之後，賣得更好的價錢，甚至有人是想要有個退休養老的安身之處……，樁樁件件都會引發各繼承人間的爭吵與不滿，細節可參見（圖 6-5）所示。

正因為有以上的限制與要求,當幾位繼承子女個性或意見不合,但卻又想要達成共識時,這個過程就會變得難以推展,而這也是過去許多房產長期被某位子女霸佔或閒置荒廢的主因。

其次,不動產走繼承方式的第二缺點,就是受限於《民法》中,有關「繼承」的特留分限制。擁有不動產的人,就算想要「都給某一位繼承人」,也沒有辦法隨心所欲地執行。因為,這樣一來可能會遭到分配不足特留分的繼承人,對你提起「請求特留分」的訴訟。所以,當繼承人超過一人時,為了避免公同共有不動產的處分困難,以及財產分割上的紛爭,建議不妨考慮借用其他移轉工具進行運用,

圖 6-5 不動產傳承常見的法律爭議問題

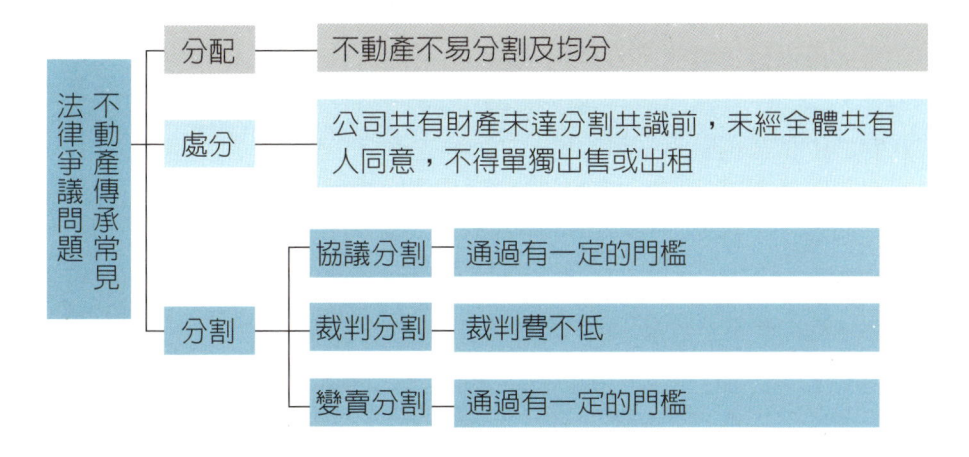

```
                   ┌─ 分配 ─── 不動產不易分割及均分
                   │
不動產傳承常見       ├─ 處分 ─── 公司共有財產未達分割共識前,未經全體共有
法律爭議問題         │           人同意,不得單獨出售或出租
                   │
                   │           ┌─ 協議分割 ─── 通過有一定的門檻
                   └─ 分割 ────┼─ 裁判分割 ─── 裁判費不低
                               └─ 變賣分割 ─── 通過有一定的門檻
```

資料提供:資誠企業管理顧問公司副總經理封昌宏
繪圖:李雪雯

例如生前贈與、買賣、信託。

假設若是配偶的身分，甚至還可以再加上一個「夫妻剩餘財產差額分配請求權」。

方式二、生前贈與

根據住商機構匯整內政部數據，2024 年全台前三季贈與移轉達 4 萬棟，創歷史同期新高；全台前三季繼承約 5.7 萬棟，也為 1991 年有統計以來，同期歷史次高，僅次於 2023 年前三季數據。

權利你我他

《民法》中，有關「公同共有」財產的規定

既然是所謂的「共有」，理論上各個「共有人」都有完全的所有權。然而因為各共有人都享有同一所有權，其權利行使自然也會互相受限。例如有「共有物之處分、變更、及設定負擔，應得共有人全體之同意（參考《民法》第 819 條第 2 項）」、「共有物之管理，除契約另有約定外，應以共有人過半數及其應有部分合計過半數之同意行之。但其應有部分合計逾 2／3 者，其人數不予計算（參考《民法》第 820 條 第 1 項）」、「第 820 條、第 821 條及第 826 條之一規定，於公同共有準用之（參考《民法》第 828 條第 2 項）」，以及「公同共有物之處分及其他之權利行使，除法律另有規定外，應得公同共有人全體之同意（參考《民法》第 828 條第 3 項）」等規定。

根據不動產業者的分析，贈與及**繼承移轉棟數年年創新高紀錄**的主因，便在於現在的年輕人，眼見房價日益高漲，乾脆放棄買房等繼承、贈與。

事實上，為了避免日後的遺產分配糾紛，被繼承人（父母）大可考慮在生前就提早將不動產轉到某一位中意的繼承人（子女）名下。而提早在生前就贈與不動產的優點是：100%確定自己屬意的人可以拿到100%持分的不動產，而不是在自己身後，變成是由數位繼承人「公同共有」一筆或多筆不動產。而且，生前贈與對於擁有不動產的人來說是屬於「生前的指定」，不會產生「特留分」的問題，也就是不會遭到分配不足特留分的繼承人，提起「請求特留分」的訴訟。

然而，生前贈與也有缺點。首先，**不動產送出去之後，除非另外訂有附負擔贈與契約或附解除條件贈與契約，否則很難再順利取回；其次，則是與「房地合一稅」新制有關。**

為什麼不要在「房地合一新制」實施後，贈送不動產？

主因在於：將符合舊制的不動產「贈與」之後，未來若要轉賣，其成本就會變成價值受到極度壓縮的「公告現值」與「評定現值」，但相對的賣出價格則是非常高的「市價」，如此一來一回，便會產生巨額的房地合一稅要負擔。

假設擁有不動產的父母因為不得已，非得要在其生前就贈與不動產，其解決方法之一就是善用《所得稅法》第14-8條的「重購退稅」優惠；其二，則是採「拖」字訣，也就是越晚賣出越好。因為

根據《房地合一稅》新制 2.0 的規定，假設個人持有時間超過 10 年以上，稅率就會由最高的 45%（兩年內）降為 15%。

至於有關生前贈與不動產，特別值得一提的是：不同的移轉及登記方式，其稅額差距可能就有十萬八千里的差別（請見表 6-5）。

其實針對（表 6-5）的內容，對於想要贈與不動產的人來說，還有兩大重點要格外注意：

重點 1・「直接送現金給子女，再讓他們自己去買房」，這是最不利也是稅負最重的方式。

因為根據《遺產及贈與稅法》第 5 條第三項的規定：「以自己之資金，無償為他人購置財產者，其資金。但該財產為不動產者，其不動產」。

正因為送現金與送不動產的計價方式並不相同，雖然同樣是「父親給小孩錢買房」的行為，但「父親先用現金買房，卻又登記在小孩名下」，就比「父親送現金給小孩，小孩再去買房，並登記在自己名下」的稅負要低。

重點 2・透過「附有負擔贈與」，以「死後繼承＋負債」的方式，不但有可能降低稅率負擔，甚至還可能「免繳稅」。

熟悉國稅局實質課稅認定的財稅專家也不忘提醒：在進行「附有負擔贈與」時，必須同時考慮子女未來，必須具備一定程度的還款能力，也不能把父母未來每年的贈與免稅額 244 萬元，就當成是子女「具備還款能力」的證明。

簡單來說，不論是生前贈與或是死後繼承不動產，兩者都各有

表 6-5 六種不動產移轉方式，稅額差距可能上千萬

	要繳贈與稅及其他稅負
直接贈與現金 1.5 億元，子女再用這筆金額購買不動產。	〔（1.5 億元 –244 萬元）×20%〕–421.6 萬元累進差額＝ 2,529.3 萬元
父親以自己的名義購買不動產，再贈與給子女。	〔（7,000 萬元 –244 萬元）×20%〕–421.6 萬元累進差額＝ 929.6 萬元（還再多繳一筆不動產移轉的契稅）
父親簽約購買不動產、支付房價，但登記在小孩名下。	〔（7,000 萬元 –244 萬元）×20%〕–421.6 萬元累進差額＝ 929.6 萬元
父親用自己的名義購買房子並支付房價，同時向銀行貸款 6,000 萬元，之後將附有貸款的房子贈與子女，而且由子女負擔貸款（「附有負擔贈與」）。	（7,000 萬元 –244 萬元 –6,000 萬元）×10%＝ 75.6 萬元
生前不贈與，直接走繼承。	｛〔（7,000 萬元 –1,333 萬元免稅額 - 配偶扣除額 553 萬元 – 一子扣除額 56 萬元 - 喪葬費 123 萬元）〕×15%｝-140.55 萬元累進差額＝ 599.7 萬元
生前不贈與，直接走繼承，且房屋還有貸款 6,000 萬元。	｛〔（7,000 萬元 –1333 萬元免稅額 - 配偶扣除額 553 萬元 – 一子扣除額 56 萬元 – 喪葬費 123 萬元）〕×15%｝-140.55 萬元累進差額 –6,000 萬元貸款＝ 0 元

說明：假設購買不動產的房屋評定價值 + 土地公告現值總計是 7,000 萬元、一配偶（扣除額 553 萬元）、一子（扣除額 56 萬元）、喪葬費（扣除額 123 萬元）
附註 2：以上適用 2025 年 1 月 1 日身故後案例

製表：李雪雯

其優、缺點。但不動產到底要採「生前贈與（或「附負擔贈與」）」？抑或是「死後繼承（或「遺贈」）」？專家建議可依照（表6-5）的幾個面向去思考。

方式三、買賣

由於不動產金額動輒上千萬，不是一筆小數目，而父母每年贈與給子女的免稅額就只有區區的244萬元，所以在過去就有不少父母親選擇透過「買賣」的方式，將不動產移轉給子女。其做法是：先由父母每年在贈與稅免稅額度內贈與給子女，等多年後再由子女向父母購買不動產。

嚴格說來，父母親分年贈與子女金錢其實有訣竅：很多父母都知道，想要贈與資產給子女，可以善用「244萬元贈與稅免稅額」的管道。但如果忽略了關鍵做法，則很可能節稅不成功，反被要求須補稅。以下內容，則是天下父母們想要善用「贈與稅免稅額」時，務必一定要知道的二大重點：

重點1. 父母贈與子女的贈與稅免稅額，是「每人每年244萬元」，不是每個小孩，每年均可透過父母取得244萬元的免稅額；而是父親或母親，一年給子女的贈與稅免稅額就是244萬元。

舉例來說，一位父親有兩個小孩，當年他想要免贈與稅，就只能各贈與一位小孩122萬元以下的等值財產。

重點2. 雖然父跟母，每人每年各有244萬元的贈與稅免稅額可運用。但在匯款時，切記一定要分別從父或母的個人帳戶中匯款。

權利你我他

什麼是「視同贈與」？

這是為了避免納稅義務人單以「外觀上」，而非透過贈與的行為來逃避贈與稅。因為《遺產及贈與稅法》第 5 條有規定如下：

「財產之移動具有左列各款情形之一者，以贈與論，依本法規定，課徵贈與稅：

一、在請求權時效內無償免除或承擔債務者，其免除或承擔之債務。

二、以顯著不相當之代價，讓與財產、免除或承擔債務者，其差額部分。

三、以自己之資金，無償為他人購置財產者，其資金。但該財產為不動產者，其不動產。

四、因顯著不相當之代價，出資為他人購置財產者，其出資與代價之差額部分。

五、限制行為能力人或無行為能力人所購置之財產，視為法定代理人或監護人之贈與。但能證明支付之款項屬於購買人所有者，不在此限。

六、二親等以內親屬間財產之買賣。但能提出已支付價款之確實證明，且該已支付之價款非由出賣人貸與或提供擔保向他人借得者，不在此限。」

此外，繼子女與繼父母之間雖非血親，但根據國稅的說法，這仍屬二親等以內的親屬（屬一親等姻親），買賣財產應視為贈與，除非可證明確實是買賣行為，才能無須申報贈與稅。

舉例來說，父母只有一位小孩，父加母每年的贈與稅免稅額，雖然可以提高到 488 萬元。但是，假設這 488 萬元，都是從父或母其中一人的銀行帳戶匯款，還是會被國稅局認定「有超過免稅額度」，而遭到課稅。

透過買賣「移轉不動產」的作法有兩大優點，其一是「土地增值稅可適用自用住宅 10% 的優惠稅率」；其二則是，未來孩子如果有出售房子的打算，可以用近於市價、較高的買賣價金，墊高出售時的房地成本，進而降低所繳的稅負。

但這樣做也有其缺點，總結有兩大風險。風險之一是：非法的「三角移轉」很容易被查獲。因為過去，有不少民眾為了規避贈與稅，便將手中的不動產，先賣給第三人，再由第三人，賣給二親以內的子女（即所謂的「三角移轉」）。但是由於國稅局的電腦稽徵效率越來越高，與不動產有關的「三角移轉」非常容易被查獲，並「連補（稅）帶罰（款）」的機率非常之高。

另一個風險則是國稅局「視同贈與」的認定。因為根據《遺產及贈與稅法》第 5 條第六款的規定：「二親等以內親屬間財產之買賣，以贈與論，依法課徵贈與稅」。特別是同法條第四款亦規定：「因顯著不相當之代價，出資為他人購置財產者，其出資與代價之差額部分」。所以如果子女向父母購屋的價格與市價「顯著不相當」時，通常就會被國稅局認定這筆不動產的移轉是「假買賣，真贈與」。

事實上，除了以上兩大風險外，父母生前透過「買賣」方式移轉不動產給子女，除了要繳土地增值稅（由賣出的父母繳，且又分

成自住用地10%、一般用地20%～40%）外，還有一個不得不重視及思考的問題，那就是：「納稅義務人經由二親等親屬間之買賣而取得之房地，於申報贈與稅時，因無法提示買賣價金給付證明而核定為「一般贈與」案件，日後出售時適用房地合一稅者，其取得成本應以受贈時房屋評定現值及土地公告現值按政府發布之消費者物價指數調整後之價值認定」。

簡單來說，上述這段文字的重點就是：經過「買賣」之後，子女所取得的「房地合一舊制」不動產，便會轉為「房地合一新制」適用的範圍。也就是說，未來子女再賣出時，便可在適用「稅率較高」的「房地合一新制」（但在「買賣取得」的前提下，「取得成本」也能重新定義，一舉化解需繳納房地合一稅的高額稅負的問題），詳情可參考（表6-6、表6-7）。

所以，**繼承或買賣的方式移轉不動產，其實都各有其利弊，透過「買賣」的方式，也許可能會需要繳一些贈與稅，但卻可以節省房地合一稅；反之，若用遺產的方式，或許會省掉贈與與遺產稅，但將來小孩要再轉賣時，則會多繳房地合一稅。**

上述種種又牽涉到小孩可能在多久後才會賣房？……這些都必須經過細算過，才會知道哪一個方法較優？

特別是由於不動產價值在遺產稅的計算上，是以「土地公告現值」，與「房屋評定現值」為準，本就與市價存有一定差距（約為市價的一半左右），其在遺產稅節稅上的「壓縮」效果非常大。但是如果將價值非常高的不動產「變成現金」，反而會因為遺產總額

的增加,需要繳更多的遺產稅。

此外,個人還想再建議民眾的是:由於現金具有高度的流動性,提取非常容易,但追索卻又很困難。假設父母選擇將不動產轉賣給子女,讓自己產生大筆現金,很容易因為年紀大、失智等問題,反遭到不肖人士或子女給詐騙。所以我個人真心建議,最好透過「提早簽立意定監護契約」,或利用這筆賣房子的錢,預先替自己成立一個自益信託,才能妥善保住這一大筆資金。

表 6-6 有償移轉(交換&出售)的課稅

	2015.12.31 以前取得	2016.01.01 以後取得
土地增值稅	土地公告現值上漲部分,課土增稅	
房地合一稅	×	土地:出售獲利部分,課房地合一稅 房屋:出售獲利部分,課房地合一稅
印花稅	按土地公告現值及房屋評定現值 0.1% 課稅	
契稅	房屋評定現值 6% 課契稅	
個人綜所稅	・土地出售獲利免所得稅 ・房屋出售獲利,計入個人綜合所得中課稅	×

資料提供:資誠企業管理顧問公司副總經理封昌宏
製表:李雪雯

表 6-7 三種不動產移轉的課稅

	繼承
土地增值稅	✕
贈與稅	✕
遺產稅	要（每人至少有免稅額 1,333 萬元）
契稅	✕
轉賣房地合一稅（稅率依買賣間時間長短而定，稅率 45%、35%、20%、15%）	2016.01.01 取得不動產，仍適用舊制（依成交價額減除原始取得成本後之餘額計算）
其他可能稅負	財產交易所得稅、印花稅
優點	免課土地增值稅及契稅，未來出售適用房地合一舊制
缺點	多位繼承人公同共有問題

資料來源：https：／／udn.com／news／story／7243／8238924、https：／／www.smartbeb.com.tw／article／Financial-concept／id／889、https：／／033345191.com／article_d.php?lang＝tw&tb＝5&id＝304、https：／／heliland.com.tw／2022／06／12／不動產「過戶」的方式？要買賣還是贈與？、https：／／www.cthouse.com.tw／knowledge／class／news-93.html、https：／／www.landlegacy.com.tw／page／news／show.asp✕?num＝171&lang＝TW
製表：李雪雯

贈與	買賣
要（一般用為 20%～40%，無自住 10% 優惠）	要（自住 10%，一般用為 20%～40%）
要（贈與人每人每年 244 萬元免稅額）	✗
✗	✗
要（按房屋評定現值 6% 核課）	要（按房屋評定現值 6% 核課）
適用新制（以交易時之成交價，減除繼承或受贈時之房屋評定現值，及公告土地現值按政府發布之消費者物價指數調整後之價值，以及減除因取得、改良及移轉而支付之費用後，為房屋土地交易所得）	適用（以交易時之成交價，減除繼承或受贈時之房屋評定現值，及公告土地現值按政府發布之消費者物價指數調整後之價值，以及減除因取得、改良及移轉而支付之費用後，為房屋土地交易所得）
印花稅	✗
傳承快速，且受贈者不需要任何資金	・短期出售可墊高買入成本 ・可適用土地增值稅自住 10% 優惠稅率
・取得成本較低，未來會有高額房地合一稅 ・贈與稅免稅額低，需連續多年贈與 ・要繳土地增值稅及契稅 ・喪失控制權 ・土地增值稅無法享有自住 10% 優惠稅率 ・若夫妻離婚，贈與不動產將不會納入剩餘財產差額中分配	・買者需要有資金支付能力 ・要繳土地增值稅及契稅 ・喪失控制權

方式四、信託

簡單來說,透過信託進行不動產傳承,具有以下幾大優勢,請見(圖6-8)所示。當然,儘管同屬「不動產」,類型卻也大不相同。根據稅務專家封昌宏的說法,最適合透過信託來進行傳承的不動產標的,主要分有「自住房屋」、「參與都更危老房屋」或是「閒置不動產」這幾種,細節則詳見(表6-8)所示。

圖 6-8 透過信託進行不動產傳承的優勢

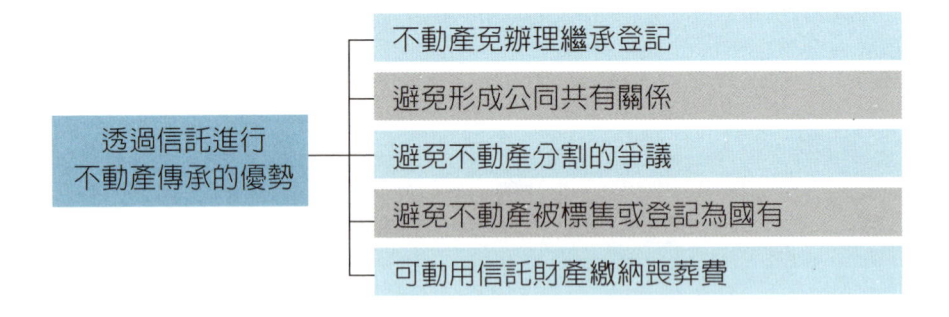

透過信託進行不動產傳承的優勢:
- 不動產免辦理繼承登記
- 避免形成公同共有關係
- 避免不動產分割的爭議
- 避免不動產被標售或登記為國有
- 可動用信託財產繳納喪葬費

資料提供:資誠企業管理顧問公司副總經理封昌宏
繪圖:李雪雯

表 6-8 適合成立信託或投資(控股)公司的不動產類型

	信託	成立投資(控股)公司
自住房屋	✓	✗
參與都更危老房屋	✓	✗
農地	✗	✗
公設地	✗	✗
出租房	✗	✓
閒置不動產	✓	✓

說明:✓ 代表「適合」;✗ 代表「不適合」

資料提供:資誠企業管理顧問公司副總經理封昌宏
製表:李雪雯

事實上，由於不動產也可以產生定期的現金流（租金收入），所以也可以分為「全部他益」、「租金自益、不動產他益」或「不動產自益、租金他益」這三種模式。而個人在前面章節內容中曾經提及，不論是「自益」或「他益」信託，原本該繳的稅金可是一塊錢也逃不掉。

只不過，究竟要課徵什麼稅？則會依照「全部他益」、「租金自益、不動產他益」或「不動產自益、租金他益」信託而有不同的規範，詳情請見（表 6-9）。

表 6-9 不同情況下不動產信託的稅負計算

	全部他益	租金自益、不動產他益	不動產自益、租金他益 租金固定	不動產自益、租金他益 租金不固定
贈與價值	土地公告現值及房屋定現值	土地公告現值及房屋定現值之折現值（PV）	土地公告現值及房屋定現值減土地公告現值及房屋評定現值之折現值（FV-PV）	
契稅	移轉時	移轉時	×	
遺產稅	委託人身故：× 受益人身故：✓	委託人身故：✓ 受益人身故：✓	委託人身故：✓ 受益人身故：✓	
土增稅	遞延課稅	移轉時	×	
所得稅	受益人繳	委託人繳	受益人繳	
房地合一稅	受益人繳	受益人繳	委託人繳	

資料提供：資誠企業管理顧問公司副總經理封昌宏
製表：李雪雯

方式五、夫妻剩餘財產差額分配請求權

根據稅務專家的說法，當配偶之一方死亡後，另一方想要行使此一請求權時，最好選擇「不動產（特別是土地）」以外的資產。因為儘管夫妻間進行不動產移轉，可暫時申請不課土增稅，但根據財稅專家的說法，假設生存配偶行使請求權的標的是「土地」，頂多只能享有「申請不課（遞延課稅）」而已，並不是像透過繼承一樣可以「不課徵土增稅」，詳情請見（表6-10、圖6-7）。

唯一例外的是：在2016年1月1日以前所取得的土地，如果由生存配偶行使夫妻剩餘財產差額分配請求權，將會比走「繼承」較為有例。其理由在於：適用「房地合一新制」之下，採繼承方式雖可以免課土增稅，同時按公告現值課徵遺產稅。但如此一來，反而會壓低取得成本。未來，當繼承人想要再出售土地時，反而可能產生高額的土地交易所得稅，結果較為不利。

表6-10 繼承或行使夫妻剩餘財產差額分配請求權的稅負

移轉工具或方式	土增稅	契稅、印花稅
夫妻剩餘財產差額分配請求權	申請不課（遞延課稅）	不課稅
繼承	不課	不課稅

資料來源、製表：李雪雯

圖 6-7 不動產取得時點，決定適合移轉方式

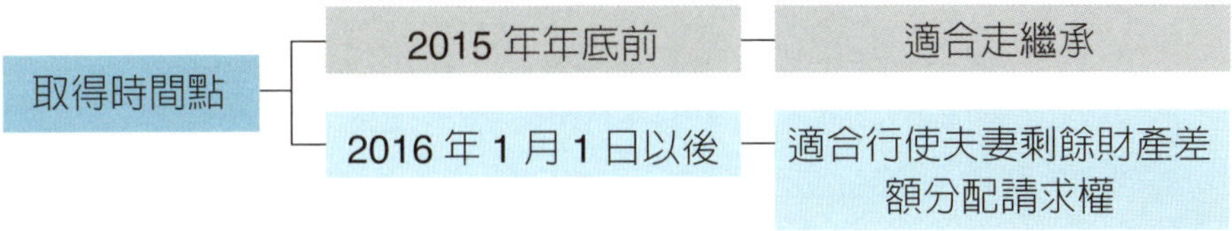

```
                  ┌─ 2015 年年底前 ──── 適合走繼承
取得時間點 ──┤
                  └─ 2016 年 1 月 1 日以後 ── 適合行使夫妻剩餘財產差額分配請求權
```

資料來源、繪圖：李雪雯

整體來說，不動產的資產流動性偏低且不易變現，也就是有所謂的「資金僵固」風險，所以民眾若在短期內有一定的資金調度需求，個人比較不建議在個人或家庭整體資產配置中，放置較高比重的不動產資產。更何況不動產價格，通常會隨著景氣上下波動，一旦景氣不佳、所持有的不動產市價滑落，擁有不動產的人，就有可能「省下稅金，卻虧了房價」。

特別是近幾年，政府呼應民間對於高房價情況的不滿，透過每年大幅調增土地公告現值、增加房屋稅、新增房地合一稅等手段來積極課稅，可以想見，未來民眾持有交易不動產的稅負成本，包括土地增值稅、遺產稅、贈與稅、交易所得稅、房屋稅等將會越來越高。未來，不動產是否還能成為最佳的資產移轉節稅標的，恐怕值得民眾深思，詳情請見（表 6-11）。

表 6-11 透過幾個重要工具，進行不動產移轉的優、缺點

	優點
死後繼承	・免繳土地增值稅及契稅 ・免去生前贈與及立遺囑困擾 ・繼承後再出售，有選擇房地合一新制或舊制的權利。 ・擁有不動產者在生前，仍有財產掌控權。
預立遺囑	基本上同「死後繼承」，但當遺產種類及項目較多時，透過遺囑指定的方式，可以指定不同繼承人，繼承不同的財產，以免讓不動產變成難以分割的「公同共有」關係。
遺贈	・生前就規劃好身故後的財產分配 ・可以將更多財產，留給最愛之人 ・繼承後再出售，有選擇房地合一新制或舊制的權利。
生前贈與	・可自由處分不動產，且不受《民法》特留分的限制。 ・可節贈與稅（因是按低於市價的土地公告現值，以及房屋評定現值為準） ・可享分年贈與的免稅額（一年 244 萬元）及低稅率（10%）
附負擔贈與	同上外，還具有以下優點： ・贈與人要能確保受贈人，履行特定的義務能夠實現，例如扶養、照顧、償還債務等。 ・可彈性安排傳承的方式及條件，例如可以分階段贈與，或者設定受贈人必須達成某些條件，才能獲得贈與。 ・減輕贈與價值降低贈與稅：受贈人需要履行的特定義務，如果能夠換算出金錢價值，就可以從贈與總額中扣除，以降低贈與稅的負擔。例如父親贈與價值 3,000 萬元房子及土地持分給兒子，由兒子承擔銀行貸款 2,000 萬元，贈與的總額為 1,000 萬元。
買賣	・土地增值稅可適用自用住宅 10% 的優惠稅率 ・未來孩子如果有出售房子的打算，可以用近於市價、較高的買賣價金，墊高出售時的房地成本，進而降低所繳的稅負。
信託	・將產權不易分割的不動產，轉變為容易分割的信託受益權，避免形成「公同共有」關係。」 ・免辦理繼承登記

資料來源：資誠企業管理顧問公司副總經理封昌宏、深耕法律事務所羅翠慧律師
製表：李雪雯

缺點
・繼承人間可能因為財產分配,以及「公同共有」關係,而產生意見分歧,導致家族糾紛。 ・不動產多且金額大時,可能適用較高遺產稅率。 ・繼承人再出售,會繳更多稅(稅制適用房地合一新制;若取得成本低,會增加出售所得、拉高應繳稅金;若短期出售,將適用房地合一最高稅率 45%)。 ・須考慮《民法》特留分問題
透過遺囑進行分配,仍舊不能違反特留分的問題。也就是沒有分到,或是分不夠遺產的法定繼承人,仍會主張其特留分(法定應繼分的 1 / 2)而提起訴訟。
・可能會有「遺囑是否有效」的爭議 ・遺囑保管的爭議 ・遺囑修改的爭議
・失去不動產的控制權 ・如果想要取回所贈與的財產,法律訴訟複雜、難成功。 ・須繳納土增稅與契稅 ・受贈人再出售,會繳更多稅(稅制適用房地合一新制;若取得成本低,會增加出售所得、拉高應繳稅金;若短期出售,將適用房地合一最高稅率 45%)。 ・可能會有「歸扣」或「借名登記」的問題 ・兩年內給配偶、《民法》1138 條及 1140 條所載各順序繼承人及各順序繼承人配偶的贈與,還是要計入被繼承人遺產中。
同上外,還有以下風險: ・受贈人須有承擔債務的能力 ・受贈人接受贈與後,如果拒不履行特定義務,贈與人需要透過法律或訴訟途徑,才能追回贈與財產。 ・受贈人必須履行的特定義務假設定義不清,容易導致雙方對特定義務的理解產生分歧,並引發糾紛。
假設買賣價格「顯著不相當」,或是繼承人欠缺定期繳款的能力,會被國稅局認定為「視同贈與」。
幾乎沒有什麼節稅的空間

二、有價證券

基本上,有價證券可再細分為有經營權的股權,以及沒有經營權的股票或債券、基金、ETF 等品項。根據《證券交易法》第 6 條的規定,「有價證券」是指:股票、存託憑證、認購(售)權證、受益證券及資產基礎證券、國庫券、債券、基金受益憑證、商業本票或匯票或其他具財產價值且可為交易客體之證券。至於一般大眾手中持有的有價證券,比較常見的就是股票(股權)及債券、共同基金、ETF 等幾種。

關於「有價證券」資產,主要可分為「股票(權)」及「非股票」兩種。而在「股票(權)」方面,還可以更細分為「有經營權」及「無經營權」兩種。實際上,「無經營權」的「股票(權)」,可與「非股票」資產被視為同一種類型。

至於為何要刻意區分「有無經營權」?

其原因就在於:沒有經營權的股權(有價證券),擁有者的持有目的,不外乎就只是短期投資賺價差(資本利得),或是長期投資獲取股利的分配。然而,一旦所持有的股權涉及經營權,那麼在進行資產移轉規劃時,就必須考慮到其持有目的並非只為了分配盈餘,而是期待企業經營能否夠長長久久、代代順利交班而沒有紛爭,細節內容可參見(圖 6-8)。

圖 6-8 有價證券資產的分類

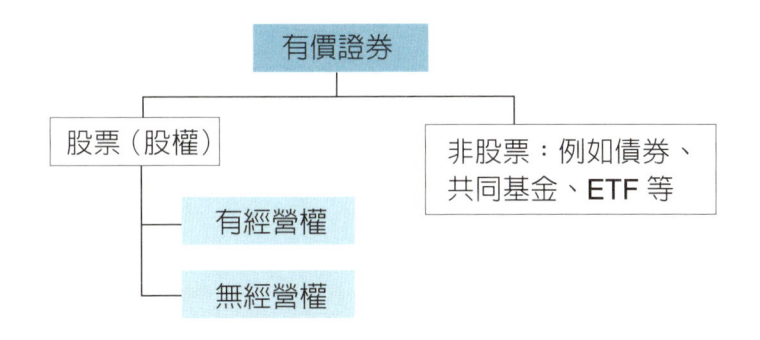

```
          有價證券
         /        \
   股票（股權）    非股票：例如債券、
    |              共同基金、ETF 等
    ├─ 有經營權
    └─ 無經營權
```

資料來源、繪圖：李雪雯

以無經營權的有價證券為例，由於具有「容易分割」、「流動性高」，以及「有一定市價」的特性，所以這類的有價證券並沒有「生前贈與，或是死後繼承較優」的做法。唯一需要考慮的就是有價證券金額的多寡？假設擁有的金額太高（適用遺產稅率高），當然是以「生前分年移轉（贈與）」為佳。

最後，儘管上市櫃股票或是基金、ETF 等具有相當好的流動性，但看在稅務專家的眼裡，以上標的恐怕也並不是死後繼承的好標的。主因便在於：它的「時價」是會上下大幅波動的。況且由於遺產稅從被繼承人身故之日起，一直到申報、完稅及拿到有價證券，這段過程至少會有半年到一年以上的時間差。在這段期間之內，其價格是有可能大幅下跌，甚至有下市的情形。一旦有價證券有大幅虧損，繼承人不但要繳納相對較高的稅金，恐怕還得承受有價證券的跌價損失。

更重要的是，根據〈台財稅第 831602988 號函〉釋規定，遺產

稅是依照被繼承人死亡時的財產價值來計算（例如上市、櫃有價證券，是依照被繼承人死亡日的收盤價）。假設死亡日的股價收盤價是 800 元、申報時的股價已跌到 700 元，那麼計算遺產稅時，還是會以「800 元」為準，而非跌價後的「700 元」。這個股價的漲跌損失，對於需要繳稅的人來說，便會產生極大的「有感」影響。

因此，我個人建議：最好在一開始投資這些有價證券時，就要以非常謹慎小心的態度來挑選標的，儘量以流動性高，且價格波動較低的上市（櫃）公司股票為主。除了較優質（產業前景長期看好），且流動性高的上市（櫃）公司股票之外，除非是讀者實際在其中工作，未來能夠一起「共存亡」的公司股票，否則我個人建議，最好都集中在「投資範圍分散在全球，或各個產業的的共同基金、ETF 等（唯二個人會建議的單一國家股市標的，只有市值佔全球一半以上的美國股市，以及未來退休生活所在的台灣股市）」。

至於不是以「賺去資本利得或穩定股利」為目的，而持有的未上市櫃公司股權，這在資產移轉上的思考方向，可能就會完全不同了，而首先要面對的就是直接跟「金錢」有關的「稅負」問題，請見（表 6-12、表 6-13）。

表 6-12 股權估價

	估價標準（以繼承日或贈與日為準）
上市或上櫃有價證券	收盤價
興櫃股票	加權平均價
未上市、上櫃且非興櫃之股份有限公司股票或有限公司	資產淨值

資料提供：資誠企業管理顧問公司副總經理封昌宏
製表：李雪雯

表 6-13 家族股權有償移轉的稅負分析

	未公開發行	已合法發行 無公開交易市場的股權	已合法發行 有公開交易市場的股權
舉例	有限公司、股份有限公司未發行股票的股權	未上市櫃且非興櫃公司股票	上市櫃或興櫃公司股票
財產交易所得[1]	個人：計入綜合所得課稅（稅率5%～40%）法人：計入營利事業所得課稅（稅率20%）	個人：所得額[2]計入綜合所得課稅	個人：免所得稅 法人：計入基本稅額課稅（稅率12%）
證券交易稅	×	0.3%	0.3%
房地合一稅	出售人及其關係人，持股超過50%適用，且不動產價值占公司淨值50%。		不適用

1. 財產交易所得計算＝成本價－成本－必要費用
2. 所得額＝實際成交價－原始取得成本－必要費用

已提供成交價格，但無法證明成本	成交價20%
未提供成交價格，但有財務報告	淨值75%

資料提供：資誠企業管理顧問公司副總經理封昌宏
製表：李雪雯

與「房地合一 2.0 新制」有關的稅負問題

　　另外一個在股權移轉時必須特別留意的稅負問題，則跟「房地合一 2.0 新制」有關。這是因為如果公司持有大筆的不動產，儘管移轉的標的是公司股份（權）而非不動產，看起來沒有高額的土地增值稅，以及契稅的問題。但國稅局仍有權，依照企業所擁有不動

產的時價(「土地公告現值」及「房屋評定現值」的合計數),調增公司的淨值金額。如此一來,就有可能會讓你被迫得繳納更多的遺產稅或贈與稅。

且依照《所得稅法》第 4-4 條第 3 項規定:「個人及營利事業交易其直接或間接持有股份,或出資額過半數之國內外營利事業之股份或出資額,該營利事業股權或出資額之價值 50% 以上,係由中華民國境內之房屋、土地所構成者,該交易視同第一項房屋、土地交易」。

綜合以上法條的意思,簡單說就是:公司股份持有人在未來,不論是出售公司名下的不動產或股份給他人,都將面臨房地合一稅 2.0 的問題。如果直接出售公司所持有的不動產,公司必須按不動產的賣價,先減去買進成本、土地漲價總數額,以及移轉費用計算後,依持有期間長短,課徵 20%～45% 不等的房地合一稅。

除此之外,你還得繳納土地增值稅與契稅。

確保「經營權」的方法

然而,經營權的股權移轉,除了從「移轉所要負擔的稅負成本」角度思考外,另一個重點則是「經營權不能旁落」。有關這部分,企業主可以使用的工具很多(請見「第五章、實務規劃 2:資產轉移的工具、方法」內容),但專家認為,比較重要的除了先前提到的「投資(控股)公司」外,還有以下 3 種重要做法要注意:

1.「閉鎖性公司」。

近年來,《公司法》增訂的閉鎖性股份有限公司(以下簡稱「閉鎖性公司」)相關規定,因為既可透過章程限制股份轉讓,達到維持家族控制權的目標,又能同時掌握股份有限公司的股權,擁有較為完整的公司治理機制,並且透過運用特別股,將股東出資對應到的表決權、股息分配權等股東權等進行彈性規劃,這部分已是家族企業傳承的重要工具之一,詳細內容及做法請見(圖6-9)。

2.「保險」。

透過購買保單的方式,協助合夥企業將股權順利傳給重要股東或家屬。其目的就是避免其中一位或幾位股東身故之後,股權旁落、影響公司正常經營。

圖 6-9 控股(投資)公司、閉鎖性公司與股權信託結合流程

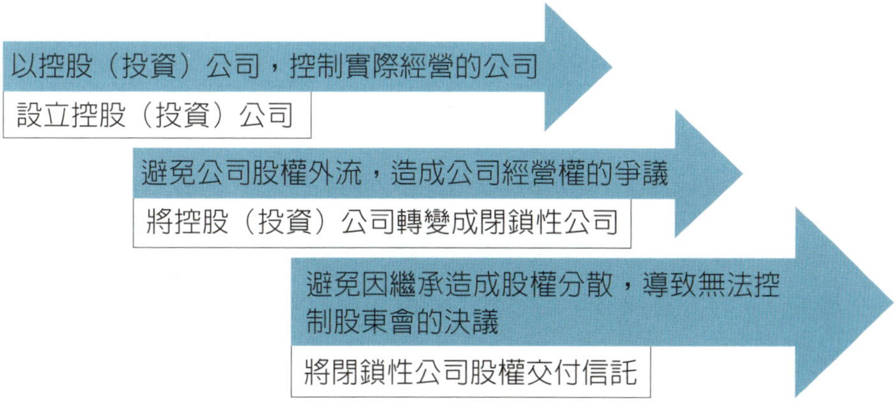

以控股(投資)公司,控制實際經營的公司
設立控股(投資)公司

避免公司股權外流,造成公司經營權的爭議
將控股(投資)公司轉變成閉鎖性公司

避免因繼承造成股權分散,導致無法控制股東會的決議
將閉鎖性公司股權交付信託

資料提供:資誠企業管理顧問公司副總經理封昌宏
繪圖:李雪雯

其做法是：以「合夥企業本身」為要保人及受益人，幾位重要大股東為「被保險人」。而當合夥企業重要股東身故之後，保險理賠金會先賠給公司。然後，企業便可拿著這筆理賠金，買回過世重要大股東的股權。

這樣做的好處是，除了能順利買回重要股東的股權外，還有「投保金額可較高」、「企業保單保費支出可節稅」、「保單價值準備金平日可供企業進行資金週轉」等優點，確實值得中小企業主進行參考。

又假設中小企業主的子女並不想接班，想將公司的股權賣給未來願意接手經營的專業經理人（也就是「傳賢不傳子」），那麼也可透過購買保單的方式，平順移轉企業股權。

其做法是：以企業為要保人、企業主為被保險人、專業經理人為受益人。未來保險金理賠後，專業經理人便可運用這筆保險理賠金，買下原企業主的所有股權，然後再轉由專業經理人繼續經營企業，參考（表 6-14）。

3.「股權信託」。

「股權信託」，就是將公司的股權做為信託資產，向受託機構訂立一個信託契約。簡單來說，股權信託具有「股權集中由受託人管理」，以及「繼承人所繼承的標的，會由股權轉換為信託受益權」二大優點，分別是：一、股權集中由受託人管理；二、繼承人所繼承的標的由股權，轉換為信託受益權。但相對的，相關稅負規定便較為繁複又不易搞懂，且更重要的是：特別是在「股權自益、孳息

他益」的有價證券信託上，國稅局的實質課稅做法，已讓大股東藉此節稅的空間變得更小。

這是因為過去已發佈過解釋令，其中則有兩大實質課稅的重點：

第一，已從董事會、股東會等會議資料，得知被投資公司將分配盈餘後，才簽訂孳息他益信託。

第二，信託的委託人對被投資公司的盈餘分配具有控制權，參考（表 6-15、表 6-16）。

表 6-14 利用保險解決獨資或合夥企業的經營危機

	獨資企業	合夥企業
風險所在	・清算：資產的處分及負債的清償 ・家族繼續經營：負債償還、營運周轉金、遺贈稅負、非繼承者的財務安排 ・轉賣給員工	・強迫清算：因繼承人有資產流動性需求，或是不願意繼續投資，或是繼承者與經營者間，因為無法達成共識，而步上清算之路。 ・計畫性清算 ・合夥人與繼承人重組企業 ・轉賣給生存的合夥人
保額設定	營運金、負債償還、遺贈稅負	企業淨值或未來展望衡量
保單	終身壽險	定期或終身壽險（「交互」或「企業」買賣協議保險）
保費可否節稅	企業無法認列費用、無法節稅	

資料來源：保險經紀人商業同業公會副理事長王信力
製表：李雪雯

表 6-15 股權信託的稅負

		信託成立時
委託人為自然人的他益信託		對委託人課贈與稅
委託人為法人的他益信託		對受益人課所得稅
所得項目		信託成立時
股權	上市、櫃公司股權	以信託契約訂立日的收盤價,計算贈與價值(課贈與稅)。
股權	興櫃公司股權	以信託契約訂立日的收加權平均價格,計算贈與價值(課贈與稅)。
股權	未上市、櫃 or 興櫃公司股權	以信託契約訂立日的資產淨值,計算贈與價值(課贈與稅)。
土地或房屋價值之調整		・帳面價值低於土地公告現值或房屋 ・評定價值:依土地公告現值或房屋評定價值估價
孳息(股權分配股利所得)		—

資料提供:資誠企業管理顧問公司副總經理封昌宏
製表:李雪雯

	信託期間
	—
	—
	信託期間
	證交稅：0.3% 交易所得：免稅
	證交稅：0.3% 交易所得：免稅
出售股權時可能是下列兩種情況之一： ・計入受益人各人基本稅額 ・課房地合一稅（受益人為自然人，由受託人申報；受益人為營利事業，交易所得併入營利事業所得稅申報）。	
	—
計入受益人的所得（受益人為自然人時，可採合併計稅或分離計稅；受益人為營利事業時，應課營利事業所得稅（20%），未分配盈餘要課 5% 未分配盈餘稅。	

表 6-16 股權信託的稅務規劃

	股權全部自益	股權自益、孳息他益
契約訂立時	無課稅問題	孳息他益部分（時價按郵政儲金一年期定期存款利率估算）課贈與稅
信託期間	股利收入計入委託人的所得中課稅	股利收入計入受益人的所得課稅
委託人死亡時	委託人死亡，信託利益計入委託人的遺產中課稅。	股權時價按死亡日，到信託期間屆滿日期間，依郵政儲金一年定期存款利率折現，計算委託人的遺產價值（公式＝時價／（1+折現率）期數
受益人死亡	受益人（委託人）死亡，信託利益計入委託人的遺產中課稅。	以死亡日的股權時價，減除股權時價按死亡日，至信託期間屆滿日期間，依郵政儲金一年定期存款利率折現，計算委託人的遺產價值（公式＝｛時價-〔時價／（1+折現率）期數〕｝
實質課稅風險	—	· 有公開市場價格之股權：成立信託時，已知道配息的資訊。 · 沒有公開市場價格之股權：對盈餘分配有控制權。

資料提供：資誠企業管理顧問公司副總經理封昌宏
製表：李雪雯

	股權他益、孳息自益
	股權他益部分（時價按郵政儲金一年期定期存款利率折現估算）課贈與稅
	股利收入計入委託人的所得課稅
	以死亡日的股權時價，減除股權時價按死亡日，至信託期間屆滿日期間，依郵政儲金一年定期存款利率折現，計算委託人的遺產價值（公式＝{時價-〔時價／（1+折現率）期數〕}。
	股權時價按死亡日，到信託期間屆滿日期間，依郵政儲金一年定期存款利率折現，計算委託人的遺產價值（公式＝時價／（1+折現率）期數
	一

三、現金

由於現金具有「不具名」及「易分割」的特性，所以具有一定程度的「移轉變利性」及「隱藏」效果，不論是選擇生前贈與或死後繼承，均無任何「難以分割」或「移轉」的困難，所以也是繳交各項費用及稅負的最佳來源。

只不過，現鈔因為沒有任何利息收入，難以對抗通貨膨脹，多數民眾會把它存入金融機構來獲取利息。而一旦現金進入到金融機構，就會有相關的金流記錄。所以，除非你將現鈔全部「窖藏」在家中，否則真的很難躲避國稅局追查「金流去向」的能力，以及被課徵遺產稅或贈與稅。

再者，正因為現金的移轉相當快速且容易。對於擁有大筆現金的人來說，有時反而容易有「被外人或兒女詐騙、提領一空，或自己亂投資造成嚴重虧損」的問題及風險，值得擁有大筆現金的民眾多加注意。而最好的解決方法就是善用這筆現金，成立一個自益或他益的信託契約。此外附帶一提，**若親屬死亡重病，親人能否擅自取走他的存款？**

由於現金沒有記名，所以過去就有不少身故者的親屬，直接拿著身故者的金融卡及密碼，輕易地就從銀行 ATM 中，把身故者的錢提領出來。然而根據《民法》第 1147、1148 以及 1151 條的規定，

繼承人自繼承開始時，除《民法》中另有規定外，承受被繼承人財產上的一切權利義務；但權利、義務專屬於被繼承人本身者，即不在此限。也就是說，身故者在銀行中的存款，就是所有有繼承權人的「繼承標的」。在未分割之前，各繼承人對於遺產全部為「公同共有」。其他繼承人都可以主張該財產（銀行存款）應按「應繼分」或遺囑所定的比例，分配給各繼承人，不能私下獨吞。

假設有繼承人，未經全體繼承人同意，擅自提領被繼承人帳戶內之存款，將侵害其他繼承人權利，其他繼承人可以提出刑事告訴。而根據台灣高等檢察署的說法，如果某一繼承人在取款憑條上，盜用被繼承人的印鑑章，這是屬於「無製作權人冒用他人名義製作文書」，這樣一來就構成了《刑法》第216條及第210條，屬法定刑5年以下有期徒刑的「行使偽造私文書罪」。

又假設，如果不是為了支付被繼承人的醫療費或喪葬費用等，主觀上存有「為自己或第三人不法所有」的意圖，則會構成《刑法》第339條第一項，可處5年以下有期徒刑、拘役或科或併科50萬元以下罰金的「詐欺取財罪」。

四、其他：有形的珠寶古董藝品，以及無形的著作權或專利權

過去，具有一定高價及保值功能，並且容易隱藏的古董、藝術品（例如具有歷史意義的古物、大師級的名畫，甚至是名酒、黃金、鑽石、珠寶……）等，通常也會被某些特定人物當成資產傳承的標的。

這類資產除了「保值」這項優點之外，加上沒有記名、容易隱藏，只要沒有放在保險箱或向國稅局登記、因而被國稅局查到，這就不用被計入被繼承人的遺產中而必須課稅。所以，也經常成為一些有錢人的可節稅標的之一。

然而，這些另類的資產也不是完全沒有缺點。因為從傳承的「承」字角度來說，繼承人喜不喜歡？有沒有能力保存？這都將影響移轉規劃中，對這類資產的處理方式。

所以，千萬不要為了刻意節稅，而去買下一堆可能「有行無市」的物品，造成自己與下一代的困擾。特別像是著作權及專利權等，由於不易定價，所以除非是創作者本身的著作權或專利權，民眾實在沒必要為了「節稅」，而購買這些另類資產。

其次，每個家庭或多或少都會有一些，希望能夠「代代相傳」的珍貴物品。只是我個人想要提醒大家的是：每個人的興趣、欣賞與愛好都不同，父母親千萬不要把自己的喜好，全部加諸於子女身

上……

個人看過太多這樣的故事：媽媽想要把昂貴珠寶留給女兒做紀念，但女兒不僅不喜歡還不領情；或是爸爸想把珍藏多年的郵票、紙鈔留給兒子，但兒子在父親身故後，因為集郵社只願用極低的價格收購。撐到最後，就是全部當成垃圾「扔掉」……

所以，假設接受此類資產的對象沒有意願，而且連最起碼的「保值」及「保存」都做不到，那麼身為「傳」者的被繼承人，建議還不如在自己生前就全數處理完畢為佳。

識財經

誰是接班人？財富傳承的管理與規劃

作　　者　李雪雯
視覺設計　徐思文
主　　編　林憶純
企劃主任　王綾翊

總 編 輯　梁芳春
董 事 長　趙政岷
出 版 者　時報文化出版企業股份有限公司
　　　　　108019 台北市和平西路三段 240 號
　　　　　發行專線—（02）2306-6842
　　　　　讀者服務專線—0800-231-705、（02）2304-7103
　　　　　讀者服務傳真—（02）2304-6858
　　　　　郵撥—19344724 時報文化出版公司
　　　　　信箱—10899 台北華江橋郵局第 99 號信箱
時報悅讀網　www.readingtimes.com.tw
電子郵箱　yoho@readingtimes.com.tw
法律顧問　理律法律事務所 陳長文律師、李念祖律師
印　　刷　勁達印刷有限公司
初版一刷　2025 年 5 月 16 日
定　　價　新台幣 420 元

版權所有 翻印必究
（缺頁或破損的書，請寄回更換）

時報文化出版公司成立於 1975 年，並於 1999 年股票上櫃公開發行，於 2008 年脫離中時集團非屬旺中，以「尊重智慧與創意的文化事業」為信念。

誰是接班人？財富傳承的管理與規劃/李雪雯作. -- 初版.
-- 臺北市：時報文化出版企業股份有限公司, 2025.05
　216 面 ;17*23 公分. --（識財經）
　ISBN 978-626-419-350-4（平裝）
　1.CST: 資產管理 2.CST: 稅法 3.CST: 策略規劃
　563　　　　　　　　　　　　　　　　114002956

ISBN 978-626-419-350-4
Printed in Taiwan